AF220706

Alle Vornamen, die in den Beispielen und Begebenheiten vorkommen, sind verändert.

Wenn wir in diesem Buch von Gott reden, meinen wir Gott den Vater, den Vater Jesu, „Abba", wie Jesus ihn nennt.

Wenn wir von Jesus reden, meinen wir Jesus Christus, den Sohn des Vaters.

Wenn wir vom Heiligen Geist reden, meinen wir den Geist, den Jesus uns als Helfer und Beistand geschickt hat.

Alle wörtlich zitierten Bibelstellen sind, soweit nicht anders vermerkt,
- für das Neue Testament der NGÜ Neue Genfer Übersetzung,
- für das Alte Testament der Elberfelder Bibel entnommen.

Hildegard und Heinrich Becker

Vom Hören

Beten, Segnen, Seelsorge

© 2021 Hildegard und Heinrich Becker

Illustration: H. Becker

3. überarbeitete und erweiterte Auflage April 2021

Herstellung und Verlag: BoD – Books on Demand, Norderstedt

ISBN: 9 783753 496405

Inhaltsverzeichnis:

Vorwort

Gott kennt uns, Gott kennt Dich!

Das klingt zunächst banal. Wenn ich mir aber vergegenwärtige, dass ich zwar weiß, wer heute Bundeskanzler oder Bundeskanzlerin ist und ich ihn oder sie kenne, er oder sie jedoch keine Ahnung von meiner Existenz haben, dann erhält diese Aussage ein anderes Gewicht. Wenn ich mir dann noch vor Augen halte, dass nur Gott selbst so liebevoll ist, dass er unzählige Details aus meinem Leben kennt, dann öffnet mir das die Augen für Gottes Interesse an mir. Gott der Vater hat Milliarden von Kindern, und kennt doch jedes individuell. Darüber hinaus hat er uns schon vor Grundlegung der Welt erwählt[1], unzählbar viele Jahre über uns nachgedacht, und er will jetzt mit uns darüber reden, was er alles in uns hineingelegt hat. Unsere Lebenszeit hier wird dafür auf keinen Fall reichen, wie wir sehen werden.

Leider ist in unserem bisherigen Leben einiges schiefgelaufen: Menschen sind an uns schuldig geworden und wir an ihnen. Und darin sitzen wir nun fest.

Gott kennt Dich!

Die Aussage kann unglücklicherweise auch dazu führen, dass ich meine, Gott hat eine lange Liste mit all meinen

---

[1] Epheser 1,3-4, sowie ähnlich in Jeremia 1,4

Fehlern, meinem Versagen und meiner Schuld. Jedes Mal erwischt er mich, wenn ich etwas falsch mache oder einen schlechten Tag habe. Und die Liste wird mit jedem Tag länger und länger.

Aber das ist nicht so! Im Lukasevangelium[2] erzählt uns Jesus im Gleichnis vom verlorenen Sohn von seinem Vater. Der merkwürdigste Punkt ist die Ankunft des Sohnes beim Vater, nach seiner Umkehr – der Vater fängt in keiner Weise an aufzurechnen und abzurechnen – sondern beginnt, ohne das Schuldbekenntnis des Sohnes richtig anzuhören, mit dessen Wiederherstellung in seinen eigentlichen, ursprünglichen Stand. Er sagt nicht: „Schön, dass du wieder da bist." Und lässt ihn in den Lumpen, in denen er kam, also im Stand eines Sklaven. Er gibt ihm auch nicht den Stand eines Tagelöhners oder Vorarbeiters oder hausgeborenen Knechts wie Elieser[3], der erben wird, wenn kein Kind da ist. Nein, in den Stand eines Sohnes, einer Tochter, wird er ohne jeden Beitrag seinerseits eingesetzt.

Jesus sagt: So ist der Vater. Er ist ein Vater, der Zeit für mich (!) hat. Er ist nicht an meiner Schuld interessiert, sondern an meinem Vertrauen zu ihm. Vaterschaft (und Mutterschaft) sind übrigens die einzigen „Verträge", die unkündbar sind. Ehen können geschieden werden, Arbeitsverhältnisse aufgelöst, Kaufverträge rückgängig gemacht. Aber Elternschaft kann nicht aufgelöst werden. Eltern können sich überlegen, ob sie Kinder haben wollen oder nicht. Wenn aber die Kinder da sind, dann bleiben sie „ewig" Vater und Mutter dieser Kinder. Wie viel mehr gilt das für Gott, den Vater, der uns von Urbeginn an wollte.

---

[2] Lukas 15, 11-31
[3] 1.Mose 15,2

Gott kennt Dich!

Du kennst Gott, jedoch kennt er Dich besser, als Du denkst. Lesen wir Jesaja 43,1 und ersetzen jeweils Jakob oder Israel durch unseren Namen.

„Aber jetzt, so spricht der HERR, der dich geschaffen, Jakob, und der dich gebildet hat, Israel: Fürchte dich nicht, denn ich habe dich erlöst! Ich habe dich bei deinem Namen gerufen, du bist mein."

Vers 5: „Fürchte dich nicht, denn ich bin mit dir! Vom Sonnenaufgang her werde ich deine Nachkommen bringen, und vom Sonnenuntergang her werde ich dich sammeln."

Vers 6: „Ich werde zum Norden sagen: Gib her! und zum Süden: Halte nicht zurück! Bring meine Söhne von fern her und meine Töchter vom Ende der Erde."

Gott kennt Dich!

Dieses Buch handelt von den Erfahrungen, die wir mit Hörendem Beten, Hörendem Segnen und Hörender Seelsorge gemacht haben. Das Erstaunlichste zuerst: Wenn wir Zeit hatten, auf Gott zu hören, hatte auch der Heilige Geist Zeit für uns. Es ist wie bei Mose: Sobald er ins Zelt der Begegnung ging, kam Gott in der Wolkensäule zu ihm herab.[4]

Gott war immer sowohl bei seinem Volk als auch bei jedem Einzelnen von uns daran interessiert, den Zustand herzustellen, den er eigentlich für unser Leben mit ihm geplant hatte. Und Gott hat immer individuell für jeden Menschen gehandelt, sich nie wiederholt, er benutzt keine Methode.

---

[4] 2. Mose 33,9

Für uns wird es immer mehr zur Ehre, dabei sein zu dürfen, wenn Gott an Menschen handelt. Wollen Sie sich von Gottes Handeln und seiner Liebe anstecken lassen?

Einführung

A m Anfang ist eine Abgrenzung hilfreich, was Seelsorge ist und was nicht. Martina Plieth erklärt in ihrem Buch[5] die verschiedenen wissenschaftlichen Formen der Psychologie:

„Psychologie ist die Wissenschaft, welche die bewussten Vorgänge und Zustände sowie deren Ursachen und Wirkungen untersucht.[6] Sie ist die Wissenschaft von den subjektiven Lebensvorgängen, die gesetzmäßig mit den objektiven verknüpft sind.

Die **Tiefenpsychologie** wird verstanden als ein Sammelbegriff für die Richtung der Psychologie, die vorgibt, nicht an der Oberfläche des bewussten Seelenlebens haften zu bleiben, sondern in die unterbewusste und unbewusste Tiefe der Seele hineinzuleuchten und dabei insbesondere die Beziehung zwischen Willen und Gefühl „triebdynamisch" in den Vordergrund zu rücken. Es verkompliziert eine exakte Definition des Begriffs Tiefenpsychologie, dass – wie F. Dorsch richtig bemerkt – die Tiefenpsychologie **Wissenschaft, Therapie und Weltanschauung** zugleich geworden ist.

Die **Psychoanalyse** kann als „ursprünglich ein von Breuer und Freud Ende des 19. Jahrhundert geschaffenes Verfahren zur Heilung von seelisch bedingten Erkrankungen" aufgefasst werden und ist, zur tiefenpsychologischen Lehre ausgebildet, der Tiefenpsychologie einzugliedern.

---

[5] Martina Plieth, Die Seele wahrnehmen, Verlag Vandenhoeck & Ruprecht (1994)
[6] (Rohracher) Dorsch 1976, Psychologisches Wörterbuch 9.Auflage Seite 465

Psychotherapie soll verstanden werden als die Wissenschaft von der Behandlung seelischer und seelisch bedingter Leiden mit psychologischen Mitteln.

Die Frage danach, was **Seelsorge** ihrem Wesen nach ist, ist kein leichtes Unterfangen und kann letztlich nur exemplarisch versucht werden."

Wie können wir Seelsorge gestalten, wenn Gott niemals zweimal das Gleiche tut? Wenn Jesus nie zweimal dasselbe Wunder getan hat? Selbst seine Heilungen waren alle unterschiedlich und individuell auf den betreffenden Menschen zugeschnitten.

Die Antwort lautet: Es gibt keine Methode. Wie schon von Martina Plieth vorgeschlagen, ist dieses Buch ein exemplarischer Versuch, das Wesen von Seelsorge von einer anderen Sicht aus zu betrachten und zu beschreiben. Im Folgenden beschreiben wir einige Beobachtungen, die wir in Gemeinden und im christlichen Umfeld gemacht haben:

- Es ist ein Irrtum zu glauben, dass Heilung von Verwundungen oder Vergebung wie von selbst geschehen, wenn sich jemand für Jesus entschieden hat. Das ist mitnichten der Fall, wie im 2. Korinther 5,17 zu lesen ist: „Wir wissen: Wenn jemand zu Christus gehört, ist er eine neue Schöpfung, das Alte ist vergangen, etwas ganz Neues hat begonnen". Fritz Rienecker[7] führt dazu aus: Die Übersetzung des Urtextes lautet nicht „Alles ist neu geworden", sondern „Neues ist geworden."

  Zum einen geschieht in aller Regel bei einer Entschei-

---

[7] Fritz Rienecker, Sprachlicher Schlüssel zum NT, Brunnen Verlag Gießen, Seite 411

dung für Jesus keine umfassende Bereinigung des bisherigen Lebens. Ausnahmen gibt es natürlich, wie das Beispiel von Zachäus zeigt, der in großem Stil Wiedergutmachung geleistet hat[8].

Sehr viele Lebensumstände und insbesondere die Vergangenheit bis in die früheste Kindheit und auch Schwangerschaft hinein werden nicht neu gemacht. Wir werden verletzt, wenn unsere Grundbedürfnisse als Babys, Kinder und Heranwachsende nicht gestillt werden, wenn uns Liebe, Anerkennung, Zugehörigkeit und Geborgenheit entzogen werden, oder wenn eine frühkindliche Bindung an eine Person nicht möglich war. Wir werden verwundet durch Mangel an Zuwendung, Aufmerksamkeit und Bestätigung, durch ablehnende, herabsetzende Äußerungen, durch Vergleichen und Missbrauch jeglicher Art. Wir werden am tiefsten von den Menschen verletzt, die uns am nächsten sind: von Eltern, Geschwistern, Freunden, dem Partner, Lehrern oder anderen wichtigen Autoritätspersonen.

Festlegungen reichen aus, um uns nachhaltig zu prägen: „Du bist wie Dein Vater" hat meine Mutter immer wieder in abfälligem Ton zu mir gesagt, wenn etwas an meinem Verhalten sie an ihren geschiedenen Mann erinnerte. Das hat mich jedes Mal verletzt, weil ich doch der Sohn meines Vaters bin und daher auch etwas von seinem Wesen habe. Schließlich fand ich die richtige Entgegnung: „Du hast ihn ausgesucht, nicht ich."

Leider ist uns sehr oft nicht mehr bewusst, wie diese seelischen Verletzungen unser heutiges Leben prägen. Diese Erfahrungen sind manchmal so tief in uns

---

[8] Lukas 19, 8

vergraben, dass sie für unseren Verstand und unser Gefühl nicht mehr zugänglich sind. Wir mussten sie verdrängen, um überleben zu können. Verdrängen ist allerdings keine langfristige Lösung, denn oft zwingen uns körperliche und seelische Erkrankungen dazu, uns mit vergangenen Ereignissen auseinanderzusetzen.

Diese Verwundungen werden durch die Entscheidung für Jesus nicht aus meinem Leben verschwinden. Es gibt erstaunliche Beschreibungen, welche Wunder bei der Übergabe eines Lebens an Jesus passiert sind: jemand wurde schlagartig von Drogensucht befreit, psychisch und physisch geheilt, seine Depression verschwand, und anderes. Wir haben aber noch nie davon gehört, dass ein Mensch auf einen Schlag von allem Negativen geheilt und zu allem Positiven befähigt wurde. Wenn ich mir dessen nicht bewusst bin, ist geistliches Wachstum schon in den Anfängen schwierig oder sogar unmöglich. Beichte und zugesprochene Vergebung sowie anderen gewährte Vergebung sind heute im christlichen Bereich fast unbekannte Hilfsmittel. Wir haben uns deshalb entschlossen, ein Kapitel über Vergebung einzufügen. Der Bezug zum Hören ist nur indirekt, jedoch ist das „Warum vergeben?" vielen Menschen nicht bekannt.
Manche Menschen gehen dazu über, Wachstum vorzuspiegeln oder das Leben mit Jesus als eine geistige Übung zu sehen. Andere sehen die Entscheidung für Jesus als eine Art Lebensversicherung, die ja nicht schaden kann. Oder Menschen stellen fest, dass sich in ihrem Leben wenig zum Positiven verändert und reagieren dann enttäuscht, frustriert und wenden sich von Jesus ab.

- Rucksackchristen. Sie wissen genau, was in der Vergangenheit vorgefallen ist und schleppen diesen Rucksack mit schwerwiegenden Erlebnissen durch ihr Leben. Von falschen Festlegungen durch die Eltern, Ablehnung bis hin zu geistlichem, seelischem und körperlichem Missbrauch in jeder Hinsicht. Aber sie wissen nicht, wohin damit. Selbst wenn sie den Peinigern vergeben können, bleibt doch die Tatsache der verlorenen Kindheit, der erzwungenen falschen Berufswahl o. ä. bestehen. Das folgende Bild versucht, das anschaulich zu beschreiben:

Ich laufe mit meinem schweren Rucksack meinen Lebensweg entlang. Nun stoppt neben mir ein Bus (=Jesus) und bietet mir an, mich mitzunehmen mit allem was dazugehört. Freudig nehme ich dieses Angebot wahr. Die Frage ist nun, steige ich mit dem Rucksack in den Bus ein oder lasse ich ihn mir abnehmen? Behalte ich ihn auf, trage ich die Last weiter im Bus (!) und verletze möglicherweise noch Mitfahrende mit herausragenden Gegenständen wie Stöcken, Flaschen, Schlafsack usw.? Oder kann ich an jeder Haltestation des Busses einiges aus dem Rucksack ausräumen? Um im Bild zu bleiben: Viele Mitfahrer werden nicht einmal darauf hingewiesen, dass sie ihren Rucksack tragen und sehen das als normal an. Sie denken: „Ist das nicht toll, dass dies alles der Bus trägt?" und tragen den schweren Rucksack jedoch weiter.

In anderen Fällen verhindert Scham, dass Verletzungen ans Licht kommen dürfen. Menschen denken oft, dass das, was ihnen passiert, niemandem sonst passiert, und dass das Erlebte unter dem Siegel der Verschwiegenheit bleiben muss. Doch die Geschichte vom Sündenfall im Paradies zeigt: Schon bei Adam und Eva war die Trennung nicht von Gott ausgegangen. Beide versteckten sich, weil sie sich schämten. Es gibt ein gutes Bild dazu, warum das Verdrängen und Wegdrücken nicht gutgeht. Stellen Sie sich vor, Sie sitzen auf einem See in einem Boot. Ihre Verletzungen und die Scham darüber gleichen einem Wasserball. Damit niemand den Ball sieht, drücken Sie ihn mit aller Kraft unter Wasser. Es können durchaus auch sogenannte „gute Werke" sein, mit denen die Verletzungen zugedeckt werden. Ab und zu in einer Phase der Unaufmerksamkeit oder Schwäche flutscht der Ball doch an die Oberfläche, und schnell tauchen Sie ihn wieder unter. Aber irgendwann erlahmt Ihr Arm und Sie schaffen es nicht mehr, den ganzen Ball verborgen zu halten. Spätestens im Alter, wenn die seelischen und körperlichen Kräfte nachlassen, kann man an Menschen Veränderungen beobachten, die oft verstörend sind. Im Englischen gibt es das Sprichwort: „Getting older means getting better or getting bitter." Man wird also im Alter gütig oder bitter.

- Blockierte Christen: Sie wissen nicht, wo das Problem liegt. Fest steht nur, dass Wachstum und Reifung bei ihnen nicht eintreten, sie bleiben irgendwo stecken. Die Kränkungen unserer nächsten Bezugspersonen können wir meist weder als Kinder noch als Heranwachsende, auch nicht als junge Erwachsene bearbeiten, wir können sie nur verdrängen. Deshalb blockieren sie uns und holen uns so lange immer wieder ein, bis wir uns ihnen stellen. Meist stellen wir uns ihnen erst, nachdem unser Körper schon reagiert hat und wir uns mit dem „Warum?" auseinandersetzen müssen.
Hier kann die Psychologie oder die Psychoanalyse helfen, die Ursachen zu finden. Dies erfolgt meist in einem sehr langwierigen (und kostspieligen) Prozess.

Psychologie oder Psychoanalyse können aufdecken, aber nicht aus der Welt schaffen.

Als biblisches Beispiel fällt uns die Geschichte vom reichen Jüngling ein. „Was muss ich tun, um ewiges Leben zu erhalten?" fragt er Jesus. Jesus antwortet im besten Sinne der heutigen Verkündigung: „Halte die Gebote, liebe Gott und deinen Nächsten." „Das habe ich alles schon gemacht", wendet der reiche junge Mann ein. Dann sagt Jesus sinngemäß: „Dann kann ich Dir Deinen wunden Punkt sagen: Dein Vertrauen ist auf Deinen Reichtum gegründet, und nicht auf die Beziehung zu mir." – Doch das wollte der Jüngling nicht wahrhaben.

Manchmal werden blockierte Menschen absichtlich unwissend gehalten bzw. in ihrer falschen Grundhaltung bestärkt, z. B. "Heutzutage gibt es in der westlichen Welt kein sichtbares Eingreifen Gottes mehr. Du musst das tragen, das ist Dein Kreuz." Jesus sagt jedoch, dass sein Joch sanft und seine Last leicht sei[9].

- Zunahme von Süchten.

  Ein für uns sehr interessanter Artikel[10] von Shari Langemak erklärt, wie Sucht entsteht. Erst jüngst haben Forscher der Harvard University im US-amerikanischen Cambridge herausgefunden, dass Facebook ähnlich wirkt wie Schokolade, Sex und Alkohol. All das macht uns nicht nur glücklich, sondern all das wollen wir auch unbedingt erneut haben. Ursache ist ein komplexes Neuronennetzwerk im Gehirn, das für Mensch und Tier lebensnotwendig ist.

  In diesem „Belohnungssystem" werden prinzipiell

---

[9] Matth 11,30
[10] DIE WELT vom 14.5.2012 Was Facebook und Sex gemeinsam haben.

drei Gehirnfunktionen miteinander vernetzt: Sinneswahrnehmung, Emotion und Gedächtnis. Damit wird es zur Schmiede allen Lernens. Was Spaß macht, wird gespeichert. Suchtexperte Falk Kiefer, stellvertretender ärztlicher Direktor am Zentralinstitut für Seelische Gesundheit in Mannheim erklärt: „Wir leben in einer belohnungsarmen Welt. Unter den Millionen von Sinneseindrücken, die jede Minute in unserem Gehirn ankommen, müssen nicht nur die erkannt werden, die auf mögliche Gefahren, sondern eben auch jene, die auf mögliche Belohnungen hinweisen."

Das Nervensystem filtert unbewusst, aber jederzeit. So finden wir nicht nur schnell den nächsten Burgerladen oder unsere Kinder im Gewimmel einer Kirmes. Statt jeden Sinneseindruck einzeln zu verarbeiten, scannt das Gehirn nach den bekannten Merkmalen. Also zum Beispiel nach „kleiner Rotschopf mit runder Brille". Sind wir fündig geworden, legt das Neuronennetzwerk los. Körpereigene Glückshormone, die Endorphine, werden freigesetzt. Ähnlich dem Suchtmittel Opium wirken sie schmerzlindernd und machen uns glücklich. Das Gehirn serviert uns einen körpereigenen Rausch, wenn wir das tun, was uns nützlich ist. Bei Menschen und bei vielen Tieren werden vor allem Essen, Sex und soziale Kontakte belohnt. Sie dienen dem eigenen Überleben und dem Erhalt der Art. Damit das ausgelöste Glücksgefühl nicht ungenutzt wieder verschwindet, wird es vom Belohnungssystem des Gehirns markiert. Dieser Vermerk geschieht durch den wichtigen Botenstoff Dopamin. Es dient vor allem dem Belohnungslernen. „Bei jeder positiven Erfahrung wird Dopamin ausgeschüttet. So wird nicht nur der Reiz, sondern auch die Situation markiert", erklärt Kiefer.

Der ursprünglich lebensnotwendige Mechanismus kann allerdings auch lebensgefährlich werden. Suchterkrankungen haben ihren Ursprung in diesem Belohnungssystem, besonders die Alkoholabhängigkeit. Abhängige sind einem täglichen Spießrutenlauf ausgesetzt: Werbung, Kneipen, Supermärkte und sogar die ehemaligen Saufkumpane - fast das gesamte Umfeld ist im Belohnungssystem als Hinweis auf Alkohol abgespeichert. Und dort bleibt es für ein ganzes Leben. „Das Belohnungsgedächtnis ist nicht löschbar", warnt Kiefer. Deswegen sind Suchtpatienten auch nach jahrelanger Abstinenz noch rückfallgefährdet."

Die Behauptung im vorletzten Satz, die wir übrigens nicht unterstützen, führt uns zur nächsten Beobachtung:

- Eine weitere Beobachtung ist, dass wir Fakten für die Wahrheit halten. Das möchten wir erklären:
  Das erste Beispiel ist die Hummel. Fakt ist, dass sie nach den Gesetzen der Aerodynamik nicht fliegen kann, da die Flügelfläche im Verhältnis zum Gewicht zu klein ist. Nur das interessiert die Hummel nicht und sie fliegt trotzdem.
  Ein gutes Beispiel ist die Geschichte von Sara und Abraham[11]. Fakt war, dass Sara 90 Jahre alt und weit über die Wechseljahre hinaus war. Die Wahrheit jedoch ist: Sie bekam Isaak, weil Gott es so wollte.
  Ein weiteres Beispiel ist die Geschichte von der Tochter des Jairus[12]. Jesus wurde durch die Heilung der

---

[11] 1. Mose 18
[12] Markus 5, 22-43

blutflüssigen Frau aufgehalten, und währenddessen war das Kind gestorben. In Markus 5, 35 sagen die Umstehenden: „Was bemühst Du den Meister noch länger?" Doch Jesus sagt: „Du brauchst Dich nicht zu fürchten, glaube nur!"

Oder die belustigende Geschichte in Apg 19, 35+36: Der Stadtschreiber von Ephesus behauptete, dass das Bild der Artemis vom Himmel gefallen sei, und dies sei eine unbestreitbare Tatsache.

Die Lazarusgeschichte[13] illustriert am besten, wo wir leicht hängen bleiben können. Jesus erfährt von der Krankheit des Lazarus, bleibt aber noch zwei Tage im Ostjordanland. Erst dann zieht er nach Judäa. Er wusste bereits, dass Lazarus gestorben war (V14). Martha sagt bei seiner Ankunft: „Wenn Du hier gewesen wärst, wäre mein Bruder nicht gestorben." Das gleiche sagt Maria in V32. Und dann fragt Jesus: „Wo habt ihr ihn begraben?" und weint. Bevor er das Wunder tun kann, müssen die Begleiter den Stein wegheben (V39). Der Stein steht für das, was von den Menschen her im Weg lag. Ohne das Wegheben des Steins passierte kein Wunder. Martha zweifelte immer noch, aber schließlich hoben sie den Stein weg. Und Lazarus kam heraus!

Wenn uns der Heilige Geist Fakten zeigt, die wir ignorieren sollen, dann können wir das mit zitterndem Herzen tun.

Das bedeutet, dass Fakten in unserem Leben oder im Leben anderer für den Heiligen Geist keinerlei Hindernis darstellen. Diese Fakten gelten vielleicht in der sichtbaren Welt, jedoch nicht in der unsichtbaren. Fakt war, dass Lazarus gestorben war, die Wahrheit

---

[13] Johannes Kapitel 11

jedoch, dass Jesus ihn wieder auferweckte.

- Eine letzte Beobachtung betrifft das Verständnis der Aufgaben von Priester und Prophet.
Der Priester hat im Alten Testament die Menschen vor Gott gebracht. Paradebeispiel ist Mose, der für das Volk vor Gott Fürbitte eingelegt hat. Man kann auch sagen, dass er als Mittler aufgetreten ist. Jesus ist in dieser Linie der Hohepriester nach der Ordnung Melchisedeks[14] und hat uns wieder mit Gott dem Vater versöhnt. Ein Priester bringt demnach die Menschen vor Gott.
Ein Prophet tut das Umgekehrte: Er bringt Gott zu den Menschen. Beispiele dafür sind Daniel[15], der in Form von Eindrücken und Träumen Weisungen erhielt. Josua erhielt ganz unterschiedliche Anweisungen, auf welche Art und Weise die Städte des verheißenen Landes einzunehmen waren. Oder Hiskia, der während einer schweren Krankheit vom Propheten die direkte Zusage erhielt, dass Gott sein Leben um 15 Jahre verlängern wird[16.]
Im Neuen Testament übernimmt diese Aufgabe der Heilige Geist. Jesus verheißt das in seinen Abschiedsreden: „Denn was er sagen wird, wird er nicht aus sich selbst heraus sagen, er wird das sagen, was er hört.[17]"

---

[14] Hebräer Kapitel 7
[15] Daniel 3,31-4,34
[16] 2.Könige 20,6
[17]Joh 16,13b. Für Jesus gibt es ähnliche Stellen: Matth 10,27; Joh 8,26b

Wie also kann Seelsorge unter Einbeziehung dieser Beobachtungen aussehen?

Eine Seelsorge mit möglichst geringen oder ohne schädli-
che Nebenwirkungen? Vielleicht waren Sie in letzter Zeit
krank und haben Medikamente nehmen müssen. Wenn
man den Beipackzettel liest, der oft die Größe einer Zeitung hat, dann kann einem schon ganz anders werden, was
da an unerwünschten Nebenwirkungen auftreten kann.
Wenn Gott handelt, dann gibt es solche unerwünschten
Nebenwirkungen nicht. Das ist es, was wir suchen, und
darauf wollen wir in den folgenden Kapiteln eingehen.

Wie hat sich für uns persönlich diese Art von Seelsorge
eröffnet?

Mitte der achtziger Jahre hatten wir uns neu auf den Heiligen Geist ausgerichtet und erwartet, dass er mehr tut, als
wir bisher erfahren hatten. Im Oktober 1987 hatten wir
uns abends zum Beten mit unserem Freund Wolfgang
Bienert verabredet. Anlass war die plötzliche schwere
Erkrankung der Frau eines guten Freundes von uns. Sie
hatte am Tag zuvor eine Hirnblutung erlitten und war ins
Koma gefallen. Alle begannen, für Beate um Heilung zu
bitten, spürten jedoch irgendwie, dass das nicht die Ab-
sicht des Geistes Jesu war. Er übernahm dann die Führung
und zeigte in einem Bild, wie Jesus am Fußende des Kran-
kenbetts stand und Beate eine Entscheidung für sich an-
bot. Wir wandten uns an den Geist von Beate im Gebet
und baten ihn dringend, sich für Jesus zu entscheiden. Und
hatten etwas später den Eindruck, dass sie das getan hatte.
Wolfgang hatte dazu noch eine bestätigende Bibelstelle.
Zwei Tage später starb Beate.

Mit diesem Ereignis begann für uns eine Lehrzeit in Hörendem Beten, Hörendem Segnen und Hörender Seelsorge.

Diese Form der Seelsorge könnte auch als Prophetische Seelsorge bezeichnet werden, weil darin Gott selbst an Menschen handelt. Wir sprechen lieber von Hörender Seelsorge, da wir vollkommen abhängig sind von Gott. Es ist keine Begabung, sondern ein Geschenk. Wenn er nicht redet oder bildhafte Eindrücke schenkt, können und sollen wir nichts weitergeben. Vor allem keine gut gemeinten Ratschläge.

Vom Hören

Zunächst einige Bemerkungen zum Hören .
Das Gehör ist der erste entwickelte Sinn eines Embryos, nämlich bereits 14 Wochen nach der Empfängnis. Und es ist, wenn er unversehrt ist, der letzte Sinn, der beim Sterben erlischt. In unserem Leben spielt das Hören demnach eine tragende Rolle. So wie wir körperliche Sinnesorgane haben, so haben wir auch geistliche Sinnesorgane. Sie sind bei der Entscheidung für Jesus und der damit verbundenen Vereinigung des Geistes Jesu mit unserem schlafenden oder toten Geist[18] in uns neu belebt worden. Um Gottes Stimme zu hören, brauchen wir unser inneres Ohr, unser „Ohr des Herzens". Aber wie können wir Gott hören?

Hörendes Beten beginnt damit, täglich still zu werden und das auszusprechen, was in meiner Seele, in meinem Geist ist. Wir haben eingeübt, alles dem Vater mitzuteilen. Zum Vater hin reden, dann werde ich auch hören, was er sagt. Wir können mit ihm über alles reden, kindlich, ohne Scham.

Für uns sind vier Schlüssel hilfreich:
a. Ein ruhiger Platz, eine ruhige Atmosphäre.
Gott will nicht die Stimmen der Welt übertönen, obwohl er das leicht könnte. Er will unsere Aufmerksamkeit nicht erzwingen, sondern wartet darauf, dass wir uns ihm zuwenden, und dem Nächsten, der Hilfe braucht.

b. Gottes Stimme im Herzen klingt wie eine Reihe spontaner Gedanken.

---

[18] Joh 3,3-8

Der Heilige Geist spricht zu den meisten Menschen in Form von spontanen Gedanken, Bildern, Gefühlen oder Eindrücken. Haben Sie auch schon erlebt, dass Ihnen beim Autofahren plötzlich der Gedanke kam, für jemanden zu beten? Wir denken, dass uns hier die Stimme Gottes zum Gebet aufruft. Die Frage ist nun: Wie klang Gottes Stimme? War es eine hörbare Stimme oder ein spontaner Gedanke, der uns kam? Die meisten würden sagen, dass Gottes Stimme spontan kam.

c. Meine Gedanken kommen zur Ruhe.
Wir bitten den Heiligen Geist, dass er alles in uns zur Ruhe bringt. Bewusst stellen wir unsere Gedanken unter den Schutz des Blutes Jesu.

d. Unseren Blick fokussieren.
Wir lenken unsere Aufmerksamkeit weg vom Problem, weg von der Person, und hin zum Vater, zu Jesus und zum Heiligen Geist.

Neben den inneren Ohren gibt es die inneren Augen oder Augen des Herzens. Wenn wir sagen: „Stellen Sie sich einen Elefanten vor!", dann können die allermeisten vor ihren inneren Augen einen Elefanten sehen, obwohl er nicht wirklich da ist. Diese inneren Augen und Ohren stellen wir Gott zur Verfügung und bitten den Heiligen Geist, sie zu öffnen für das, was er im Thronsaal gesehen und gehört hat. So wie Jesus gesehen hat, was der Vater tun will (Joh 5,19).

Wir haben auch schon erlebt, dass wir etwas riechen können. Heinrich riecht manchmal verbranntes Fleisch, wenn ein böser Geist einen Menschen verlässt. Hildegard hat schon göttlichen Wohlgeruch gespürt, wie ihn kein Parfüm verbreiten kann.

Zusammengefasst: Alle unsere Sinne sind im Kontakt mit dem Heiligen Geist, damit Er reden kann, wie er will. Damit er Empfindungen und Bilder in uns auslösen kann, wie Er will.

Warum will der Heilige Geist direkt reden?
Der Heilige Geist will uns helfen, auf unserem Weg mit Jesus zum Vater zu kommen. Er sieht unsere Anstrengungen, Jesus nachzufolgen, zu dienen und alles so gut wie möglich zu machen in Familie, Nachbarschaft, Arbeit und Gemeinde. Und er weiß, dass wir das allein nicht schaffen können, nicht aus eigener Kraft und schon gar nicht aus Liebe. Der Heilige Geist will uns helfen, nicht weil wir seine Hilfe verdient hätten, sondern weil wir sie brauchen. Nötig brauchen.

Und das ist eine wesentliche Veränderung zum Alten Testament! Im Prediger 3,11 übersetzt Buber: „... nur dass der Mensch das Tun, das Gott tut, vom Anbeginn zum Ausgang nicht findet." Genau hier hat sich mit Jesu Kommen etwas geändert: Der Heilige Geist erklärt uns, was Gott der Vater tun will. Von uns aus können wir das nicht finden, da hat der Prediger recht.

Diese Erfahrung ist nun nichts gravierend Neues. Schon Hildegard von Bingen hat das im 11. Jahrhundert erlebt[19]:

„Und meine Seele steigt - wie Gott will - in dieser Schau empor bis in die Höhe des Firmaments. Ich sehe aber diese Dinge nicht mit den äußeren Augen und höre sie nicht mit den äußeren Ohren, auch nehme ich sie nicht mit den Gedanken meines Herzens wahr noch durch irgendwelche Vermittlung meiner fünf Sinne. Ich sehe sie vielmehr einzig

---

[19] Wibke Becker, Frankfurter Allgemeine Sonntagszeitung vom 13.5.12: Meine Seele steigt in der Schau empor.

in meiner Seele, mit offenen leiblichen Augen, so dass ich dabei niemals die Bewusstlosigkeit einer Ekstase erleide. Sondern wachend schaue ich dies, bei Tag und bei Nacht. Alles, was ich in der Schau sehe und lerne, das behalte ich eine lange Zeit in meinem Gedächtnis, weil, sobald ich es sehe oder höre, es in mein Gedächtnis eingeht. Ich sehe, höre und weiß gleichzeitig, und wie in einem Augenblick erlerne ich das, was ich weiß. Was ich aber nicht sehe, das weiß ich nicht ..."

Auf der Grundlage dieser hörenden, sehenden und empfindenden Haltung wollen wir nun auf die Auswirkungen eingehen, die wir beim Beten, Segnen und in der Seelsorge erfahren können.

Noch eine Anmerkung: Das für uns Unsichtbare war vor dem Sichtbaren da, und das Sichtbare ist aus dem Unsichtbaren entstanden[20]. Gott war vor der Welt da und wird auch nach Ende dieser Welt da sein.[21]
Wir sind Kinder der Aufklärung, die etwas für nicht existent erklären, wenn wir es nicht sehen können. Gerade das Hören auf den Heiligen Geist ermöglicht es uns, eine göttliche Perspektive einzunehmen, die unendlich viel weiter reicht als unsere endlichen menschlichen Möglichkeiten im sichtbaren Bereich. Die Perspektive Gottes haben wir immer als eine weiterblickende, tiefergehende und heilende erfahren.

---

[20] 1.Mose 1,1 ff
[21] Jes 65,17

Hörendes Beten

Eine sehr gute theologische Einführung zum Hörenden Beten befindet sich im ersten Teil des Buchs von Ursula und Manfred Schmidt[22], so dass wir hier nur kurz auf das Wesentliche und dann vor allem auf die praktische Seite eingehen wollen:

Hörendes Beten

Am Anfang ein Zitat von Sören Kierkegaard:

Ich meinte erst, Beten sei reden. Ich lernte aber, dass Beten nicht bloß Schweigen ist, sondern Hören. So ist es: Beten heißt nicht sich selbst reden zu hören, Beten heißt, still werden und still sein und warten bis der Betende Gott hört.

Hörendes Beten bedeutet also, sich dem zuzuwenden, was der Heilige Geist zu sagen hat. Eine schöne Stelle dazu ist Eph. 6, 18: „Wendet Euch, vom Heiligen Geist geleitet, immer und überall mit Bitten und Flehen an Gott". Das war bereits im Alten Testament so, als Daniel betete und der Erzengel Gabriel zu ihm kam[23].

Das hat uns auch Jesus zugesagt, insbesondere im Johannesevangelium[24]. Nach unserer Erfahrung geschieht das sehr oft in Bildern. Warum? Damit kann der Heilige Geist am besten unseren Verstand umgehen, ja überlisten. Es gibt ja den Satz: „Ein Bild sagt mehr als tausend Worte." Ein Bild kann einen Tatbestand so prägnant beschreiben, dass man sich nur wundern kann. Jesus hat seinen Zuhörern viel in Bildern, sprich Gleichnissen weitergegeben. Zudem kann man in ein Bild „hineingehen" und sich weitere Details durch den Heiligen Geist zeigen lassen. Manch-

---

[22] Ursula und Manfred Schmidt, Hörendes Gebet, GGE Geistliche Gemeinde-Erneuerung (2009)
[23] Daniel 9,23
[24] Joh 14,26 und Joh 16, 12-15

mal wird daraus auch eine Bildersequenz, bis hin zum Kurz-
film. Hier darf man nicht zu schnell abbrechen, sondern
sollte das Bild ausloten, fragen was noch drinsteckt, sehen
was daraus wird, im Schauen bleiben, da sich das Bild
manchmal weiterentwickelt. Übrigens kann man auch nach
einiger Zeit wieder in das gleiche Bild hineingehen und sich
weiteres zeigen lassen.

Der Heilige Geist kann auch durch eine Bibelstelle reden.
Besonders interessant ist es, wenn man nur die Stelle bekommt, z. B. „Psalm 3, Vers 4", jedoch nicht weiß, was
darinsteht. Der Heilige Geist redet auch durch ein direktes
Wort Jesu, ein Gefühl, eine Empfindung, manchmal sogar
durch körperliche Schmerzen. Zum Beispiel hatte Hildegard
einmal beim Hören unvermittelt Magenschmerzen und
sprach das aus. Die Frau, für die wir hörten, sagte: „Das ist
mir sofort klar, ich habe mein Leben lang zu viel ge-
schluckt."

Beim Hören wollen wir dem Heiligen Geist keine Grenzen
setzen, auf welche Art und Weise er wirken will. Heinrich
muss manchmal einfach weinen und weiß oft nicht warum.
Manchmal aus Freude, weil der Heilige Geist gleich etwas
Persönliches sagen will, manchmal weil er die Tränen in
Gottes Augen sieht, wenn der Vater sein geliebtes Kind
ansieht, das endlich zu ihm gekommen ist. Manchmal redet der Heilige Geist auch direkt zum Suchenden. Daher
fragen wir als erstes: „Hast Du selbst einen Eindruck erhalten? Trau Dich bitte, es zu sagen."

Dann reden wir mit dem Suchenden über das Gehörte
oder Gesehene. Manchmal ist eine direkte Antwort dabei,
und sehr oft passen die Bilder oder Eindrücke der Mitbeter
zusammen oder ergänzen sich.

Manchmal sind die Bilder ohne einen erkennbaren Zusammenhang zum Wunsch/Problem des Ratsuchenden.
Oft erleben wir jedoch, dass gerade sie das eigentliche

Problem des Suchenden ansprechen, das ihm womöglich gar nicht bewusst ist.

Wir sprechen mit allem Respekt vor dem anderen aus, was wir erhalten haben: Bilder, Bibelstellen, ein direktes Wort, ein Gefühl im Körper, eine Liedstelle,...

Ich habe den Eindruck dass...

Ich habe das Gefühl, ...

Wir sagen nicht: Gott hat mir gezeigt, dass Du ...

Natürlich besteht die Gefahr, dass diese Bilder/Eindrücke nicht von Gott sind oder durch uns verfälscht werden. Daher ist es wichtig, sich zu Anfang auf den Heiligen Geist ausgerichtet zu haben. Es ist wichtig, Respekt vor dem Suchenden zu haben und ihn darauf hinzuweisen, dass er alles prüfen und das Gute behalten soll. Denn wir könnten uns auch täuschen. Deshalb sind wir gern zu dritt. Gegenseitige Korrektur hier ist wichtig.

Bevor wir das Gehörte aussprechen, sollten wir prüfen, ob es dem Willen Jesu gemäß ist:

- dass es positiv und ermutigend ist, auch zurechtbringend und
- dass es mit der Bibel übereinstimmt.

Dann fragen wir, was es dem Suchenden sagt, was er empfindet was ihm durch den Heiligen Geist eingefallen ist. Oft ergeben die Eindrücke der Mitbeter, die wie einzelne Puzzlestücke sind, zusammen ein Ganzes. Das ist wunderbar und menschlich nicht zu machen.

Wenn wir den Eindruck haben, den Suchenden berühren zu sollen (z. B. in den Arm zu nehmen), dann ist es gut, ihn zu fragen, ob das für ihn in Ordnung ist. Eine Berührung kann, wenn sie vom Heiligen Geist angewiesen ist, sehr viel auslösen. Berührungen sind ja in der heutigen Welt selten geworden.

Manchmal ist es wichtig, dass jemand, egal ob Mann oder Frau, einfach in den Arm genommen werden möchte, um spüren zu können, dass jemand die Liebe Gottes weitergibt.

In der heutigen Zeit können Berührungen doppeldeutig aufgefasst werden, da die Sexualität überbordend geworden ist. Daher hat sich eine regelrechte Berührungsindustrie entwickelt, wie in der Süddeutschen Zeitung zu lesen war[25]: Wellness-Behandlungen im Day-Spa oder Kuschelkurse werden angeboten. Wann wird schon mal der Vorstand eines DAX-Unternehmens in den Arm genommen? Der Grund für ein gestörtes Verhältnis zu Berührungen ist, dass der moderne Mensch oft ein ziemlich gestörtes Verhältnis zu Nähe hat. Der Paartherapeut Wolfgang Schmidbauer bemerkt im obigen Artikel: „Wir sind ängstlicher geworden. Beziehungen sind zunehmend geprägt von Rückzug, Vermeidung, Blockaden. Viele Menschen sind so verunsichert und kränkbar, dass sie die Intimität lieber in den professionellen Bereich auslagern, wo sie diese kontrollieren können."

Wichtig ist beim Berühren, dass wir nicht nur menschliche Wärme ausstrahlen und weitergeben, sondern das tun, was der Heilige Geist uns sagt. Vielleicht ist jetzt dran, die Person wie ein Kind zu lieben, indem wir sagen, was ihr der himmlische Vater sagen will. Oder sie will sich nur ausweinen können über das, was ihr angetan wurde. Oder auch im Arm (!) ihre Wut herausschleudern. Und danach trotzdem einen Segen erfahren durch Handauflegung oder eine Umarmung vor dem Weggehen („es ist gut von Gott her").

---

[25] Anfassen, Berühren, Streicheln von Thomas Haberl, Süddeutsche Zeitung Magazin vom 17.10.2008

Wichtig ist, dass wir den Suchenden nicht auf uns ausrichten, sondern auf das, was Jesus und der Vater für ihn bereit hat. Wir sind nur Menschen, und von uns kann er irgendwann enttäuscht werden.

Die Prüfung des Gehörten verbleibt beim Suchenden. Er kann es annehmen, nochmal darüber nachdenken und Jesus fragen. Oder er kann das Gehörte ablehnen, wie in der Geschichte vom reichen Jüngling[26]. Wir sind als hörende Beter nicht dafür verantwortlich, dass der Suchende das Gehörte umsetzt. Hilfestellung kann gegeben werden, jedoch keine Kontrolle. Dies ist Sache des Heiligen Geistes.

Die Vorbereitung:

Das Team
Es ist gut, wenn 2 - 3 Leute das Gebetsteam bilden, bei mehr Betern dauert es meist sehr lange. Andererseits tut sich einer allein schwerer, zu hören, ohne die Korrektur oder die Bestätigung der anderen zu haben. Hilfreich ist zudem, wenn Mann und Frau vertreten sind. Sie nehmen die Welt unterschiedlich wahr, sie denken anders. Das hat schon Gott im AT angelegt: Adam war erst zusammen mit Eva der Welt gewachsen und umgekehrt. Wenn Eva allein entscheidet, wie bei der Frucht, dann wird es schwierig. Es ist gut, im Hören auf den Vater geübt zu sein. Wir haben festgestellt, dass es uns viel leichter fällt, für andere Menschen zu hören als für uns selbst. Wahrscheinlich liegt es daran, dass wir Teil des Problems sind und nicht unvoreingenommen hören können. Im 1. Petrus 3, 9 heißt es: „Segnet. Denn dazu hat Gott euch berufen, damit ihr dann seinen Segen erbt." Der indirekte Weg des Segnens, also der Umweg über andere Menschen, ist eines der

---

[26] Matth 19,16

Geheimnisse Gottes.

Eine große Hilfe ist es, als „Segnungslehrling" mit einem oder zwei erfahreneren Betern zu beginnen. Wir haben es immer erlebt, dass die „Lehrlinge" bald erste Eindrücke für andere Menschen erhalten.

Eine weitere sehr wichtige Bibelstelle sagt: „Vor Gott liegt unser Leben offen da."[27] Der Vater sieht liebevoll auf seine Kinder und lässt uns hören, was er auf dem Herzen hat.

Meine große Erfahrung zurücknehmen

Was wir beim Beten für andere erlebt und gesehen haben, steht uns manchmal im Weg. Hier geht es nicht um eine Begegnung mit begabten Betern, sondern um eine Begegnung mit Gott dem Vater, mit Jesus und dem Heiligen Geist.

Und das ist etwas völlig anderes. Da sind Menschen eher hinderlich. Gottes Reden übersteigt um viele Dimensionen alles, was wir jemals an Erfahrungen und Weisheiten zusammentragen könnten, oder was Menschen in den Wissenschaften bislang erforscht haben.

Beim Hörenden Beten geht es IMMER um einen einzigartigen Menschen und um das individuelle Leben jedes Einzelnen unter Berücksichtigung der momentanen Situation, der Kindheit, der Kirchenzugehörigkeit, der beruflichen Situation und vielem mehr. Das können nicht einmal Psychologen leisten, wie Hilarion Petzold in einem Interview ausführt.[28] Sie scheitern an der Komplexität des Einzelnen: „Wir haben es immer mit der ganzen Person zu tun, man muss ihre Lebensgeschichte, die Gegenwart und auch die Lebensentwürfe berücksichtigen. Und den vielen

---

[27] 2. Kor 5,11
[28] Prof Hilaron Petzold: Die Psychotherapie der Zukunft. Zeitschrift Psychologie heute, Juni 2012

verschiedenen Schulen und Modellen der Psychotherapie Rechnung tragen."

Dies alles ist jedoch für den Heiligen Geist absolut kein Problem. Er hat IMMER etwas Einzigartiges für jedes Kind des Vaters, geprägt von seiner Liebe. Sein Reden ist nicht etwas Menschliches, das durch uns kommt, und auch kein guter Ratschlag aus einem Buch. Sein Reden kommt von der Liebe des Vaters. Der Heilige Geist hat die Tiefen der Gottheit erforscht[29] und die des Menschen. Er kann wirklich helfen. Er hat wirklich alles im Blick.

HIER GEHT ES UM DAS LEBEN: Alle Menschen werden als Original geboren, und die meisten sterben als Kopie. Weil der Satan, der Hinderer und Durcheinanderbringer, nicht will, dass das Original, das der Vater in uns angelegt hat, Gestalt gewinnt.
Wir haben noch NIE für zwei Menschen die gleichen Eindrücke empfangen. Nicht einmal annähernd.

Wir können nichts von uns aus tun

Wir bekennen vor der sichtbaren und unsichtbaren Welt, dass wir nichts wissen, sondern uns ganz auf den Heiligen Geist ausrichten wollen, damit er unser Denken, Fühlen und Handeln erfüllt. Das entlastet uns: Wir müssen nichts produzieren. Der Heilige Geist weiß ja, dass wir auf ihn angewiesen sind. Er hat uns noch nie im Stich gelassen. Warten mussten wir allerdings schon das eine oder andere Mal. Es darf kein Druck entstehen, dass irgendetwas passieren muss. Aber wir dürfen den Heiligen Geist um sein Reden und Handeln bitten. Wenn wir keine Eindrücke empfangen, dann können wir den Heiligen Geist fragen,

---

[29] 1. Kor 2,10

was uns blockiert. Auch da hilft er uns.

Was ist Hörendes Beten nicht?

- Ungeprüft für die Wünsche des Bittenden eintreten.
- Meine guten Wünsche dem Bittenden zusprechen.
- Aus meiner reichhaltigen Erfahrung Fürbitte leisten. Fürbitte hat sehr wohl einen Platz und Wert im Gebetsleben. Hier handeln wir jedoch nicht als Priester, sondern prophetisch. Es geht darum zu erfahren, was Gott auf dem Herzen hat und nicht darum, was wir uns vorstellen, dass er tun sollte oder könnte. Johannes schreibt darüber in seinem ersten Brief[30].
- Meine menschlichen Ratschläge und Menschenkenntnis anwenden.
- Wissenschaftliche Erkenntnisse umsetzen.

---

[30] 1. Joh 5, 14 + 15: Wenn (!) wir nach seinem Willen bitten, ... Wir sollten also wissen, was der Heilige Geist will.

Bibelstellen um zu hören, was der Vater tun will

Joh 5,19 ff

„Ich sage euch: Der Sohn kann nichts von sich selbst aus tun; er tut nur, was er den Vater tun sieht. Was immer der Vater tut, das tut auch der Sohn.

Denn der Vater hat den Sohn lieb und zeigt ihm alles, was er tut. Ja, der Sohn wird noch **viel größere** Dinge tun, weil der Vater sie ihm zeigt – Dinge, über die ihr staunen werdet."

Selbst Jesus wollte und konnte nichts aus sich selbst heraus tun. Er hat immer auf den Vater geschaut.

Joh 6, 45 ff

„Es steht ja bei den Propheten geschrieben (Jes 54, 13): Sie werden alle von Gott gelehrt (oder unterwiesen) sein."
„Jeder, der auf das hört, was der Vater sagt, und von ihm lernt, kommt zu mir", sagt Jesus.

Joh 4,34

„Meine Nahrung ist, dass ich den Willen dessen tue, der mich gesandt hat."

Joh 6,63

„Der Geist ist es, der lebendig macht; das Fleisch ist dazu nicht fähig. Die Worte, die ICH zu euch geredet habe, sind Geist und sind Leben."

2. Mose 33,13

„Lass mich doch Deine Wege erkennen."

1. Kor 14,23-25

Hörendes (prophetisches) Beten als Möglichkeit zur Mission.

Matth 10, 26b-27

Denn nichts, was verborgen ist, bleibt verborgen; alles wird offenbart werden. Und nichts, was geheim ist, bleibt geheim; alles wird bekannt gemacht werden.
Was ich euch im Dunkeln sage, das sagt am hellen Tag weiter, und was euch ins Ohr geflüstert wird, das verkündet in aller Öffentlichkeit

Eph 2,8 ff

V8: „Aus Gnade ist Euch dieses Geschenk (Errettung und hörendes Gebet) zuteilgeworden."

V9: „Sie gründet sich nicht auf menschliche Leistung, sodass niemand vor Gott mit irgendetwas groß tun kann."

V10: „Denn was wir sind, ist Gottes Werk; er hat uns durch Jesus Christus dazu geschaffen, das zu tun, was gut und richtig ist. Gott hat alles, was wir tun sollen, **vorbereitet**; an uns ist es nun, das **Vorbereitete** auszuführen."

Es gibt drei Voraussetzungen zur Mitarbeit beim Hörenden Beten:

Die Grundvoraussetzung ist, eine persönliche Entscheidung für Jesus Christus getroffen zu haben und darin zu leben. Eng verbunden damit ist, den Heiligen Geist empfangen zu haben.

Die zweite Voraussetzung ist die Bereitschaft und Fähigkeit zum *Hörenden* Beten – also nicht nach unserem Herzen und aus unserem Mitgefühl heraus für andere zu beten. Das bedeutet, dass ich anerkenne, dass aus mir nichts Gutes und Hilfreiches kommen kann.

Die dritte Voraussetzung ist, sich völlig abhängig zu machen vom Reden und Handeln des Heiligen Geistes.

Was ist das Sensationelle daran?

In einem Satz: Wenn wir Zeit haben, haben der Heilige Geist, der Vater und Jesus auch Zeit.

Das ist das Unglaublichste, was ich je gehört habe. Der Gott, der Vater Jesu, der Himmel und Erde und das Weltall geschaffen hat und der seit Ewigkeiten herrscht, hat für jedes seiner Kinder immer Zeit.

Wenn ich Zeit habe (erübrige), dann hat der Vater auch Zeit. Eine Stelle in der Bibel, die das für Mose aussagt, steht in 2. Mose 33,9: Gott kommt in einer Wolkensäule **dann, wenn** Mose das Offenbarungszelt betritt.

Hörendes Segnen

Das Hörende Segnen baut nun auf dem Hörenden Beten auf. Hörendes Segnen ist sozusagen die Fortsetzung des Hörenden Betens. Wir reden hier nicht davon „um Segen zu bitten" oder „Segen zu wünschen", sondern davon „Segen zusprechen, den Segen auf jemanden legen, ein Segenswort über jemandem aussprechen". Das heißt, ich handle im Auftrag Jesu und des Heiligen Geistes und lege den gehörten Segen auf diesen Menschen.
Natürlich muss ich zuvor etwas vom Heiligen Geist gehört haben. Oder er hilft mir, das Bild oder die Eindrücke oder die Bibelstellen so zu interpretieren, dass darin ein Segenswort für den Suchenden zu entdecken ist.

Ziel des Hörenden Segnens ist, dass der um Segen Bittende eine Erfahrung, eine Begegnung mit dem lebendigen Gott bekommt:

Nicht mehr und nicht weniger.

- Er/sie soll erfahren, dass Gott der Vater, Jesus, der Heilige Geist ihn/sie liebt, und zwar trotz aller Unvollkommenheit.
- Trotz der Umstände, in denen er/sie lebt.
- Trotz aller Erfahrungen, die er/sie bisher gemacht hat.
- Ungeachtet seiner/ihrer langen oder kurzen Zeit als Christ.
- Er/sie soll erfahren, dass der Vater ihn/sie kennt. Können Sie ermessen, was das heißt? Diesen einen von fast 7 Milliarden Menschen kennt Gott mit Namen. Die meisten Menschen haben Angst,

weder gekannt noch geliebt zu sein. Man braucht nur die verschiedenen Fernsehprogramme durchzuzappen und sieht Menschen aller Altersgruppen, die alles tun, um gekannt und geliebt zu werden: Talkshows, Casting-Shows, DSDS, Dschungelcamp, usw. Die größte Sehnsucht des Menschen ist es jedoch, vom Vater gekannt und geliebt zu werden. Dies ist seine Bestimmung von Ewigkeit her.

- Der Vater liebt ihn/sie JETZT. Und hat ihn/sie schon immer geliebt. Und wird ihn/sie immer lieben.
- Obwohl er/sie versagt hat.
- Egal, ob er/sie viel geleistet hat.
- Trotz seiner/ihrer Bemühungen.
- Weil er/sie sein Kind ist.
- Und weil Gott der Vater es nicht ohne ihn/sie aushält.

Was ist das Ziel des Hörenden Segnens nicht?

- Aus meiner reichhaltigen Erfahrung in sein/ihr Leben hineinsprechen.
- Gute Ratschläge geben.
- Für das, was er/sie auf dem Herzen hat, ungeprüft beten und ihn/sie dazu segnen.
  (Ich betone *ungeprüft*. Wie man das prüft, dazu später mehr.)
- Mein Wissen aus Büchern über ihm/ihr ausgießen.
- Die Angst und Unsicherheit des Suchenden überspielen. Viele, die kommen, haben Angst vor Gott. Was wird da passieren? Und wenn Gott Schlimmes redet?
- Das Gehörte „gut" reden: „Ist nicht so schlimm, das kriegen wir hin, ..."

Beispiel:
Der Heilige Geist hat dem Beter-Team ein Bild von einem Kind gegeben, das auf dem Schoß des Vaters sitzt.
Dann legen wir, vom Heiligen Geist geleitet, die folgende Aussage auf den Suchenden:
„Ich segne Dich jetzt mit dem Status der Kindschaft, den Du bei Deinem Vater Abba hast. Ich segne Dich mit allem, was ein Kind im Hause des Vaters an Rechten hat, z. B. ungehinderten Zutritt zum Thronsaal. Der Vater hat Zeit, ist bereit zu geben, das Kind zu schützen, er lacht und weint mit ihm, ..."

Der Heilige Geist wird Weiteres und Neues hinzufügen, so dass der Suchende merkt: Hier redet nicht ein Segnender aus seiner Erfahrung, sondern der Heilige Geist spricht durch den Segnenden.

Wir möchten nochmals betonen, dass nicht um Segen gebeten wird, sondern dass Segen konkret über dem Suchenden ausgesprochen wird. Im Aaronitischen Segen wird das ausdrücklich betont[31]:

„Und so sollen sie (die Segnenden) meinen Namen auf die Söhne Israel **legen**, und Ich (Gott) werde sie segnen" heißt es im 4. Mose 6,27.

Eine weitere Stelle in der Übersetzung von Buber[32] lautet: .. **mit** Seinem Namen zu segnen,...

Segen zusprechen

Beispielworte für das Hörende Segnen:

„Ich segne Dich jetzt mit göttlicher Weisheit für diese oder jene Situation in Familie oder Beruf."

„Wir segnen dich mit Vaterschaft/Mutterschaft für Deine Kinder."

„Ich segne dich mit Kraft von Jesus, um zu vergeben."

Das Hörende Segnen gründet sich also ganz klar auf das Hörende Beten, denn wenn ich nichts gehört habe, kann ich auch nicht segnen.

Der Heilige Geist hat uns auch angeleitet, dass wir die Gaben, die der Vater in jeden hineingelegt hat, ins Leben rufen. Manchmal zeigt der Heilige Geist diese Gaben, manchmal sind sie auch noch verborgen. Hier kann immer wieder Überraschendes zutage kommen.

Biblische Belegstellen:
1. Mose 27
- Segen wirkt, auch wenn er dem Falschen zugesagt wurde

---

[31] 4. Mose 6,22-26
[32] 5. Mose 10,8

- wie bei Jakob, der sich den Vatersegen erschlichen hat[33].
- Segen kann nicht zurückgenommen werden[34]! Das ist schon eine sehr erstaunliche Tatsache.
- Es gibt einen besonderen Segen des Vaters am Ende seines Lebens für seine Kinder.

Bileam
Die Bileam-Geschichte ist ein Paradebeispiel für das Hörende Segnen[35].
Bileam kann nicht dem Wunsch des Balak folgen, sondern **muss** das sagen, was Gott sagen will.
(Leider hat Bileam später die Israeliten zum Götzendienst verführt.)

Psalm 118, 26
Vom Hause des Herrn aus haben wir euch gesegnet.
Oder wie die Gute Nachricht übersetzt:
Den Segen des Herrn sprechen wir Euch zu, hier, von seinem Tempel aus.
Oder Buber übersetzt: Aus seinem Haus segnen wir Euch.

Selbst Jesus wird von einem Mann und einer Frau (!) gesegnet[36]

Der greise Simeon segnet Jesus, nachdem ihm der Heilige Geist zugesagt hatte, dass er den Messias sehen würde und ihn rechtzeitig in den Tempel geleitet hat.
Dann tritt die Prophetin Hanna hinzu und segnet Jesus ebenfalls.

---

[33] 1. Mose 27, 27-29
[34] 1. Mose 27, 33-40
[35] 4. Mose, Kapitel 22 bis 24
[36] Lukas 2, 25 - 38

Als Jesus sein Jünger aussendet[37], sagt er ihnen zu, dass der Heilige Geist ihnen zu Hilfe kommen wird. Insbesondere dann, wenn sie vor Statthaltern und Machthabern zu reden oder sich zu verteidigen haben.

---

[37] Matth 10, insbesondere Vers 20

Hörende Seelsorge

Hörende Seelsorge geht noch einen Schritt weiter als Hörendes Segnen und sprengt sehr oft den Zeitrahmen, der nach oder während eines Gottesdienstes zur Verfügung steht. Oft ist ein Termin zur Seelsorge oder geistlichen Begleitung nötig.

Vielleicht noch eine Bemerkung zum Wort Seelsorge. Wir meinen damit nicht nur die Seele. Sondern den ganzen Menschen. Früher hat man gesagt: Das Dorf hat 60 Seelen und meinte damit natürlich lebendige Menschen. Es geht also bei Seelsorge um den ganzen Menschen, nicht nur um einen Teil von ihm. Der Wortteil Sorge meint nun nicht ein „Sich Sorgen machen" um diesen Menschen, sondern ihn „versorgen" mit dem was Gott für ihn hat.

Im Unterschied zu Hörendem Beten und Hörendem Segnen fragen wir den Heiligen Geist, was er jetzt ansprechen will. Wir können uns da auf Jakobus[38] berufen, der schreibt: Wenn es aber einem von euch an Weisheit fehlt, bitte er Gott darum und sie wird ihm gegeben werden. Zudem ist Hörende Seelsorge das, was viele Menschen eigentlich suchen, und was durchaus auch nach einem Gottesdienst in kleinen Schritten möglich ist (nach dem Motto: „Wenn die Menschen nicht zur Seelsorge kommen, dann muss die Seelsorge halt zu ihnen kommen."). Ein Grund ist, dass die Gottesdienstbesucher in der Regel völlig falsche Vorstellungen davon haben, was Seelsorge ist und diese deshalb nicht in Anspruch nehmen. In ihrer Vorstellung vermuten sie das peinliche Ausbreiten ihrer Sünden vor einem anderen Menschen, der mit erhobenem Zeige-

---

[38] Jak 1,5

finger den Kopf missbilligend schüttelt. Und der dann noch Strafen verhängt, nicht ohne den Appell, sich zusammenzureißen und es das nächste Mal besser zu machen, sich mehr anzustrengen, mehr mit der Bibel zu leben, mehr …, mehr …

Hierbei werden jedoch nur die Symptome behandelt, die Ursache bleibt unerkannt. Etwas Grundlegendes kann sich im Leben des Suchenden auf diese Weise nur schwerlich ändern.

Wenn wir uns jedoch das Gleichnis von den verlorenen Söhnen[39] vor Augen halten, ist der Vater bei der Rückkehr des jüngeren Sohnes überhaupt nicht an dessen Sünden interessiert. Sondern daran, dass sein Sohn endlich zu ihm zurückgekommen ist und er ihn wieder in den Stand der Kindschaft einsetzen kann[40].

Allerdings können während der Hörenden Seelsorge auch unangenehme Dinge zur Sprache kommen, weil der Heilige Geist sie jetzt ansprechen will. Dabei hat der Suchende immer die Freiheit, das seelsorgerliche Gespräch zu jedem Zeitpunkt zu beenden. Ziel des Heiligen Geistes ist, dass das, was ans Licht kommt, selbst zum Licht wird[41]. Das, was belastet und bedrückt hat, wird zur Freiheit der Kinder Gottes, wird zur Hilfe für ihn selbst und für andere.

Ein Beispiel dazu ist der Umgang mit herabsetzenden, von anderen Menschen geäußerten Aussagen wie: „Du bist nichts wert. Aus Dir wird nie etwas. Du bist wie Dein Vater. Andere machen das besser." Es reicht in der Regel nicht aus, dafür zu beten, dass die Gedanken verschwinden. Sie kommen wie ein Bumerang bei nächster Gelegenheit zu-

---

[39] Lukas 15, 11 - 32
[40] Lukas 15, 21 - 22
[41] Eph 5, 13 - 14

46

rück. Es ist nötig, den Heiligen Geist zu fragen, welches die Ursachen sind. Wenn der Heilige Geist die Ursachen offenlegt, die Wurzel des Problems, dann zeigt er auch, was weiter zu tun ist. Manchmal liegt beim Betroffenen schuldhaftes Verhalten anderer Menschen in Kindheit und Jugend zugrunde. Hier hat nach unserer Erfahrung das stellvertretende Schuldbekenntnis der Seelsorger[42] eine heilende Wirkung.

Zum anderen ist es nötig, dass der Suchende erklärt, sich von diesen belastenden Gedanken zu trennen. Dann können wir im Namen Jesu die Selbstanklagen auslöschen[43], wie Nebel sich in der Sonne auflöst. Danach bitten wir den Heiligen Geist, die frei gewordenen Räume einzunehmen, welche die anklagenden Gedanken beansprucht haben. Es darf kein leerer Raum zurückbleiben: Der Raum, den die Gedanken einnahmen, muss mit der Gegenwart des Heiligen Geistes gefüllt werden. Jesus selbst hat uns darauf aufmerksam gemacht[44]. Ein nächster Schritt ist, den Suchenden mit Kraft zu segnen, um neue negative Gedanken in der Folgezeit abzuweisen: „Ich **will** das nicht mehr."

Es ist unglaublich ermutigend für den Empfangenden und für die Segnenden zu erleben, wie der Heilige Geist Weisung gibt, Zusammenhänge aufdeckt, die Wahrheit ans Licht bringt und Geheimnisse enthüllt.

Es sitzen unzählige Menschen in unseren Gottesdiensten, die Lasten mit sich herumschleppen, deren Ursachen sie nicht kennen. Am Beispiel des Eisbergs kann man das gut

---

[42] Siehe PRAKTISCHE HILFEN UND WERKZEUGE Biblische Fundierung zum Stellvertretenden Schuldbekenntnis.
[43] Jes 44,22
[44] Lukas 11, 24- 26

deutlich machen: Der Eisberg (Mensch) bewegt sich **nicht** dahin, wohin der Wind weht (vergleichbar mit seinem Willen), sondern dahin, wohin ihn die Strömung (sein Unterbewusstes) treibt. Hier kann nur der Heilige Geist helfen und zeigen, was ins Unbewusste verdrängt wurde. Das reicht von negativen Gedanken und Festlegungen bis hin zu Missbrauch, Selbstmordgedanken, versuchter Abtreibung durch die Mutter und anderen traumatischen Dingen, die in uns wie unter einem Betondeckel fest verschlossen sind und darunter gären. Sie hindern uns, zu dem zu werden, was der Vater vor Grundlegung der Welt in uns angelegt hat[45]. Auch ein Fluch hat zerstörerische Wirkung[46] und muss gebrochen werden.

Wie sieht das nun praktisch aus?

Bei einer konkret vorliegenden Belastung bitten wir den Heiligen Geist, deren Ursache aufzudecken oder den Ansatzpunkt zu zeigen, wie ER das angehen will. Bei unklaren Symptomen bitten wir den Heiligen Geist, Klarheit und Weisheit zu schenken.

Gerade bei älteren Suchenden zeigt sich das von uns so bezeichnete Symptom des „Betondeckels". Der Betondeckel steht für ein oder mehrere Ereignisse, die lange zurückliegen, jedoch nie aufgearbeitet wurden. Sie wurden stattdessen mit ganzer Kraft weggedrückt. Es ist, als wäre alles Traumatische in eine Grube geschüttet und mit einem Betondeckel verschlossen worden, damit diese Erfahrungen nicht die Gegenwart beeinträchtigen. Das geht solange „gut", wie die menschliche Kraft reicht (vgl. der Ball unter Wasser von Kapitel Einführung Rucksackchristen). Reicht

---

[45] Eph 1,4
[46] Sach 5,4

die Kraft nicht mehr, und das ist vor allem im Alter oder bei Krankheiten der Fall, dann beginnt sich der Deckel von alleine zu heben und das Weggesperrte aus der Vergangenheit bricht hervor.

Die Möglichkeit ist hier, zusammen mit dem Heiligen Geist das wichtigste Problem anzusehen und IHN zu bitten, den Teil, der jetzt ans Licht kommen soll, aufzudecken. Das setzt natürlich beim Betroffenen Bereitschaft und großes Vertrauen in die Seelsorger voraus und auf Seiten der Seelsorger eine ausgeprägte Behutsamkeit und Achtsamkeit, um nicht über das hinauszugehen, was der Heilige Geist jetzt möchte. Viele Belastete empfinden das Aufdecken der traumatischen Erlebnisse als Bedrohung für ihr Leben. Das Verdrängen hat in der Vergangenheit Überleben ermöglicht, jetzt aber ist es zur Bedrohung geworden. Was früher geholfen hat, um weiterleben zu können, wird jetzt zur Belastung. Es braucht oft viel Zeit und Geduld, bis die Betroffenen bereit sind, den Deckel loszulassen und sich der Vergangenheit zu stellen.

Es ist oft nicht hilfreich, dass wir eine harte Diagnose stellen. Besser ist es, wenn der Heilige Geist sanft mit dem Betroffenen redet. Oft ist es nötig, dem Suchenden Mut zu machen, ihm die Liebe des Vaters zuzusprechen, sein Kind sein zu bekräftigen, trotz allem, was geschehen ist. Manchmal werden wir daran erinnert, alle (den Suchenden, seine Familie, die Mitbeter) erneut unter den Schutz des Blutes Jesu zu stellen.[47]

Ist die Sachlage klar, dann bitten wir den Heiligen Geist uns zu zeigen, was nun zu tun ist. Hier ist Erfahrung manchmal nützlich, in der Regel jedoch NICHT. Warum? Weil der

---

[47] PRAKTISCHE HILFEN UND WERKZEUGE: Blut Jesu schützt

Heilige Geist mit jedem Menschen individuell umgeht und deshalb unsere Verbindung zu ihm der einzige Schlüssel ist. Er weiß besser, präziser, genauer und liebevoller, was zu tun ist.

Ein schönes Beispiel haben wir von einem amerikanischen Pastor.
Er betete zusammen mit einer Frau. Danach fragte er, was sie gesehen hatte. „Nichts" war ihre Antwort. „Gar nichts?" fragte er zurück. „Nein, gar nichts". „Wirklich gar nichts?" „Na, wenn ich ehrlich bin, habe ich etwas Rotes gesehen." Der Pastor: „Was bedeutet rot für Sie?" „Die Farbe von Jesu Blut" war die Antwort. „Wofür steht es?" „Für Vergebung!" antwortete die Frau. Der Pastor nun: „Haben Sie Schwierigkeiten damit?" „Ja, in einer sehr tiefgehenden Sache!" Nun waren die beiden da, wo der Heilige Geist sie haben wollte. Die Farbe Rot führte zu Vergebung und Befreiung.

Wenn der Heilige Geist geredet hat, gibt er auch die Interpretation und zeigt den nächsten Schritt.
Welche der Waffen/Werkzeuge sind jetzt einzusetzen?
Oder der Heilige Geist handelt bereits souverän, z. B. durch Ruhen im Geist[48]?
Er zeigt auch ob für heute Schluss zu machen ist.
Manchmal ist auch erneutes Hinhören aller nötig.

Wenn Schuld des Hilfesuchenden vorliegt, ist es notwen-

---

[48] Eine scheinbare Abwesenheit oder schlafähnlicher Zustand, in dem der Heilige Geist besonders wirkt. Kann im Liegen, in der Regel nachdem der Ratsuchende umgefallen ist, im Sitzen und auch im Stehen (meist mit Schwanken verbunden) geschehen. Hier sollte ein Mitsegner bei ihm bleiben, bis er wieder zurückkommt.

dig, dass er diese bekennt und dass ihm Vergebung zugesprochen wird. Sind Menschen am Betroffenen schuldig
geworden, so ist seine Vergebung das beste Mittel, dieser
Schuld die Macht in seinem Leben zu nehmen: Vergebung
hat heilende Wirkung beim Vergebenden.[49]

Dazu gibt es eine starke Bibelstelle: Was ans Licht kommt,
wird selbst zum Licht (Eph 5, 13-14).
„Doch alles, was aufgedeckt wird (durch den Heiligen
Geist), ist dann im Licht. Mehr noch, alles was sichtbar
geworden ist, gehört damit zum Licht (oder ist Licht). „
Das bedeutet, dass die Wunde zur Gabe wird.
Heinrich hatte aufgrund seiner Familiensituation eine Va-
terwunde, deshalb hat er besonderes Verständnis und
Liebe zu den Vaterlosen.

Manchmal kann der Ratsuchende nicht vergeben. Der
Hinweis ist hilfreich, dass die deutsche Sprache hier sehr
viele Redewendungen hat, die betonen, dass man sich
selbst schadet, wenn man nicht vergibt (ich ärgere mich,
ich trage etwas nach, es geht mir an die Nieren, ich habe
etwas auf dem Herzen,…). Wichtig ist der Hinweis, dass
Vergebung zuerst einmal ein Willensakt ist, das Gefühl
kommt dann später mit der Schneckenpost nach. Manchmal sind Verletzungen jedoch so tief, dass nicht einmal
eine Willensentscheidung möglich ist. Wie im Beispiel vom
Doppelrucksack (siehe Kapitel Begebenheiten) - Jesus hat
selbst eingegriffen.

Eine schöne biblische Belegstelle ist Daniel[50], als die Stern-
deuter dem König Nebukadnezar sagen, dass kein Mensch
einen vergessenen Traum eines anderen erzählen kann.

---

[49] Siehe Kapitel Vergebung
[50] Daniel 2, 10-11, dann 22 und 27

Abschluss

Zum Abschluss segnen wir den Suchenden und salben ihn
gegebenenfalls.[51]

Für uns als Seelsorger ist es wichtig, dass nicht wir die
Verantwortung tragen. Wussten Sie, dass der Begriff Ver-
antwortung im Sinne von „Verantwortung tragen" oder gar
„Verantwortung auferlegt bekommen" in der Bibel gar
nicht steht? Als Jesus seine Jünger aussendet, hat er ihnen
KEINE Verantwortung auferlegt! Wir sind Diener an der
Hand des Heiligen Geistes. Das schafft Freiheit. Die Ver-
antwortung hat Jesus.

Das heißt natürlich nicht, dass wir leichtfertig werden sollen. An der Hand des Heiligen Geistes geht das gar nicht.

So ist Seelsorge eine spannende und auferbauende Sache.
Der Betroffene merkt, dass Gott nicht an seinen Sünden
interessiert ist (vgl. der Vater im Gleichnis vom verlorenen
Sohn) sondern daran, dass sein Kind in die Freiheit der
Liebe des Vaters gelangt. Auferbauend ist die Hörende
Seelsorge auch für die Seelsorger, die erleben, dass der
Heilige Geist ganz individuell handelt.

Wir praktizieren Hörendes Beten, Hörendes Segnen und
Hörende Seelsorge in verkürzter Form am Ende des Gottesdienstes unserer eigenen und anderer Gemeinden, an
geistlichen Wochenendseminaren (auch Alpha-
Wochenenden) und bei Tagungen. Hörende Seelsorge
geschieht hauptsächlich im Rahmen von geistlicher Begleitung.

---

[51] PRAKTISCHE HILFEN UND WERKZEUGE: Zum Abschluss Salben

Eugen Biser, der große katholische Theologe unserer Zeit, sagte in einer Vorlesung, die Hildegard noch hören konnte:

„Das Evangelium ist ein therapeutisches. Oder gar keines."

Vergebung

Psychologie und medizinische Forschung haben erst seit Mitte der 90er Jahre das Thema Vergebung entdeckt, obwohl es eines der wesentlichen Themen ist, das über unser Lebensglück entscheidet. Immer sind dabei unsere tiefsten und leidenschaftlichsten Gefühle angesprochen, nämlich Liebe und Hass. Deshalb prägen die Fähigkeit oder das Unvermögen zu verzeihen die Qualität unserer Beziehungen. Der Psychologe Axel Wolf sagt, dass der Verzicht auf Vergeltung, den Jesus Christus gepredigt hat, ein entscheidender aber kaum praktizierter Schritt des Menschseins sei – zu unserem Schaden. Es geht nicht darum, Unrecht zu rechtfertigen! Sowohl Jesus als auch Stephanus baten: „Vater vergib ihnen, denn sie wissen nicht, was sie tun[52]".

Weshalb ist denn das Verzeihen so schwierig?

Wir könnten doch sagen: „Dieser Mensch ist es nicht wert, dass ich mich mit ihm beschäftige. Ich breche die Beziehung ab und damit ist alles gut." Nein, es ist eben nicht gut. Verdrängen hilft nicht gegen den Schmerz, den uns ein anderer zugefügt hat.

Und dafür gibt es Gründe: Eine tiefe Kränkung wird unter „Unerledigtes" gespeichert und taucht immer wieder in unserem Seelenleben auf. Wenn dieses Unverarbeitete auf einen aktuellen Konflikt trifft, so ist die Kränkung von vor 20 Jahren so heiß und schmerzvoll wieder da, als ob es gestern gewesen wäre. Angenommen, jemand würde auf

---

[52] Luk 23,34 und Apg 7,60

Hildegard zukommen und sagen, das Buch sei „mittelmä-ßig" gewesen, dann würde sie sich an ihren Deutschlehrer erinnern, der ihr vor über 50 Jahren dieses Prädikat verliehen hatte. Das Verletzende dieser Erinnerung ist geheilt, jedoch die Narbe bleibt. Verletzungen bleiben in unserem Gedächtnis gespeichert, sie schmerzen jedoch nicht mehr.

Der zweite Grund ist, dass wir das Prinzip der Gerechtigkeit in uns tragen und deshalb eine Begleichung der Schuld brauchen. Wir fordern, dass der Verursacher zumindest Reue zeigt und um Vergebung bittet. Weil dieses Ausgleichsstreben tief in uns verankert ist, fällt es uns umso schwerer, ein vermeintliches Ungleichgewicht zu unseren Ungunsten herzustellen, indem wir vergeben. So empfinden wir. Vor allem wir Deutschen. Nathaniel Branden[53] schreibt: „Das Tragische im Leben vieler Menschen ist, dass sie sich, vor die Wahl gestellt, Recht zu haben oder die Chance, glücklich zu sein, unterschiedslos für das Rechthaben entscheiden." Und das hat Folgen.

Vergeben ist manchmal so schwer, dass wir lieber krank werden, als auf unser Recht zu verzichten. Umfangreiche Studien belegen den Einfluss der Seele auf die Entwicklung und den Verlauf von Krankheiten: Jedes Mal, wenn wir uns aus irgendeinem Anlass an eine Kränkung oder Verletzung erinnern, steigt der Blutdruck an. Adrenalin wird ins Blut ausgeschüttet und führt zu Bluthochdruck, verengten Blutgefäßen und Herz-Kreislaufproblemen, da keine körperliche oder seelische Auseinandersetzung mit dem Verursacher stattfindet.

[53] Nathaniel Branden: Die 6 Säulen des Selbstwertgefühls, Piper Verlag 2003

Wissenschaftler, die sich mit der Psychosomatik befasst haben, sind der Frage nachgegangen, ob schlimme Erlebnisse in der Kindheit zur Entwicklung von Schmerzsyndromen führen, und sie entdeckten einen Zusammenhang: Patienten mit unklaren Schmerzen berichteten deutlich häufiger von Missbrauch, fehlender Zuwendung oder Streitereien der Eltern. Wer in Kindheit, Jugend und bis zum frühen Erwachsenenalter massive Ablehnung oder Missachtung seiner Grundbedürfnisse erlebt hat, hat später oft mit einem schwächeren Immunsystem zu kämpfen. Sie fanden bestätigt, dass Körper, Seele, Geist und unser Umfeld in Wechselwirkung zueinanderstehen. Weitere Symptome, die unser Körper ausdrückt, weil wir kränkende Erfahrungen verdrängt haben, können sein: Kopfschmerzen, Magendrücken, Schwindelanfälle, Depressionen, Schlafstörungen, Rheuma oder Arthritis, Fibromyalgie, Hautkrankheiten, Asthma, Krebs, bei Frauen oft Brustkrebs, bei Männern oft chronische Rückenprobleme. Rund 70 % der Deutschen klagen über Rückenschmerzen. Doch bei sechs von sieben Patienten mit chronischen Problemen der Wirbelsäule lässt sich keine körperliche Ursache dafür finden. Nur bei jedem siebten Patienten ließe sich eine Verkleinerung des Zwischenwirbelraums als Ursache der Rückenschmerzen feststellen, erklärten die überraschten Ärzte. Also nochmal: Wer eine kränkende Situation nicht bearbeitet und losgelassen hat, ist körperlich weniger belastbar, und an wem der Groll nagt, der hat ein schwächeres Immunsystem als die Personen, die über seelische Verletzungen reden und sie hinter sich lassen können, weil sie vergeben haben.

Wir möchten es Ihnen am Schuldturm einer mittelalterlichen Burg vor Augen malen:
Hier wurden zu der Zeit alle eingesperrt, die ihre Schulden nicht bezahlten. Aufgabe des Burgherrn war, diese Schul-

digen am Leben zu erhalten und zu bewachen, bis sie alle Schulden bezahlt hatten. Etwas später stellten wir im Schlafzimmer der Burg fest, dass der Schuldturm direkt vor dem Fenster stand. So konnte der Burgherr vor dem Schlafengehen nochmals kontrollieren, ob die Wache aufgezogen war.

Das ist unsere Lage, wenn wir den Menschen, die an uns schuldig geworden sind, nicht verzeihen, sondern sie in unseren Gedanken und Gefühlen festhalten. Ja, wir halten sie und die Erinnerung an die verletzende Situation wach, wir ernähren sie, sie beschäftigen uns. Das zehrt an unserer Lebensenergie und bindet unsere Kräfte. Schuldzuweisungen aller Art sind Energiefresser ersten Ranges.

Unsere Sprache drückt das ebenfalls bildlich aus:

Ich trage jemandem etwas nach – ich bin dabei der Belastete.

Ich ärgere mich – bei mir finden die krankmachenden Reaktionen statt.

Es geht mir an die Nieren – an mein Innerstes.

Es schlägt mir auf den Magen – mir!

Ich nehme Dir das Übel – wer trägt das Übel?

Was heißt denn nun Vergeben?

Der Volksmund sagt: „Vergeben ja, vergessen nie." Ja, das ist richtig. Verzeihen heißt nicht, dass ich vergesse, was ein anderer mir angetan hat. Das können wir gar nicht, denn alles was wir jemals erlebt, gefühlt und gedacht haben, ist in unserem Gedächtnis irgendwo gespeichert. Im Gegenteil, wenn Sie vergessen, werden Sie überhaupt nicht verzeihen. Da auch unser Schmerz gespeichert ist, müssen wir belastende Erlebnisse aufarbeiten, sonst können wir nicht heil werden. Es wäre auch völlig kontraproduktiv, wenn wir eine uns zugefügte Kränkung als Bagatelle entschuldigen. Solche Entschuldigungssätze kennen Sie: „Ach, das hat meine Mutter nicht so gemeint, mein Vater konnte nicht anders, die Zeiten waren so schwierig, mein Mann war halt so aufbrausend, das war nicht so schlimm, das war nicht böse gemeint, Schwamm drüber, über solche Lappalien rede ich nicht, usw." Nein, Schuld bleibt Schuld, ich kann sie nicht durch Beschönigen aus der Welt schaffen. So sieht Gott das übrigens auch. Er nimmt Schuld so ernst, dass er seinem Sohn die Schuld derer auflud, die schuldig wurden. Und er vergibt denen, die ihn um Vergebung bitten, weil Jesus alle Schuld ausgelöscht hat in seinem stellvertretenden Leiden und Sterben.

Vergeben hat in der griechischen Grundbedeutung den Sinn von loslassen, jemanden entlassen, ihn fortlassen. Es ist ein Begriff aus der Rechtssprache: Ich entlasse den andern aus der Verpflichtung, mir die Schulden zu bezahlen. Dieser Schritt ist mit einem Rechtsverzicht von meiner Seite verbunden. Ich habe meinen Rechtsanspruch aufgegeben. Dies ist ein Willensakt und hat nichts mit unseren Gefühlen zu tun. Es braucht einen willentlichen Entschluss, den anderen seiner Verpflichtung mir gegenüber zu entbinden. Damit löse ich die Fessel, die den andern an mich - und mich an ihn - gebunden hat. Ich kreise nun nicht mehr um den Schuldturm und bin nicht mehr gezwungen, meinen Peiniger zu bewachen, zu ernähren und zu richten.

Und was ist mit meinen seelischen Wunden, den Kränkungen, die immer noch schmerzen und mich plagen? Sie werden doch nicht durch einen Willensentschluss geheilt? Ja, Sie haben Recht, eine Willensentscheidung kann keine Heilung bewirken, aber sie ist der erste Schritt dazu.

Im Folgenden sehen wir uns an, wodurch Kränkungen und seelische Verletzungen entstehen. Das Ansehen unserer Verwundungen ist der erste Schritt auf dem Weg zur Vergebung.

Kränkungen und seelische Verletzungen

Wir werden verletzt, wenn unsere Grundbedürfnisse, nämlich Liebe, Wertschätzung, Annahme und Geborgenheit, die wir als Kinder und Heranwachsende besonders nötig haben, nicht gestillt werden. Wir werden verwundet durch Mangel an Zuwendung, Aufmerksamkeit und Bestätigung, durch ablehnende, herabsetzende Äußerungen, durch Vergleichen und Missbrauch jeglicher Art. Wir werden am tiefsten von den Menschen verletzt, die uns am nächsten sind, von Eltern, Geschwistern, Freunden, dem Partner, Lehrern oder anderen wichtigen Autoritätspersonen.

Die Kränkungen durch unsere nächsten Bezugspersonen können wir meist weder als Kinder noch als Heranwachsende, auch nicht als junge Erwachsene bearbeiten, wir können sie nur verdrängen. Deshalb blockieren sie uns und holen uns so lange immer wieder ein, bis wir sie beachten. Wir stellen uns ihnen meist erst, nachdem unser Körper mit Krankheit reagiert hat und wir uns mit dem Warum auseinandersetzen müssen.
Die Psychotherapie kann uns dabei helfen. Sie kann aufdecken, Zusammenhänge aufzeigen und Verhaltensmuster erklären - aber heilen kann sie nicht. Heilung kann dann einsetzen, wenn wir vergeben, und beim Vergeben sind wir immer auf die Hilfe Gottes angewiesen, der nur zu gerne dabei hilft. Das ist die frohe Botschaft, das Evangelium. Jesus Christus will uns wieder herstellen, denn tiefe Kränkungen beeinflussen unser ganzes Leben und stellen unser Selbstwertgefühl grundlegend in Frage. Aber erst, wenn wir bereit sind zu verzeihen, setzt in uns ein Prozess des Umdenkens ein. Erst also, wenn wir uns entschlossen haben, die Schuld anderer an uns loszulassen, können wir uns wieder als liebenswert und wertvoll annehmen und uns mit unserer Lebensgeschichte bejahen. Sonst bleiben wir nicht nur Opfer, sondern werden zu Tätern. Eine Mutter/ein Vater gibt dann die Verletzungen, die sie/er durch Mutter oder Vater erlitten hat, unbewusst weiter. Eine ganze Schuldkette entsteht, vielleicht von den Urgroßel-

tern bis zu den Urenkeln. Weil Gott uns liebt, ist Jesus Christus gekommen, um solche Schuldketten durch seine Vergebung und Heilung aufzulösen.

Schritte, wie man vergibt

Die gefährlichsten Schmerzen sind die, an die wir uns nicht zu erinnern wagen, weil wir Angst davor haben, irgendeiner schrecklichen Sache, die uns früher wehgetan hat, ins Auge zu blicken. Nötig ist aber, dass wir endlich darüber trauern, was uns angetan wurde. Das sind die ersten Schritte zum Verzeihen.

Manchmal haben wir jedoch aus Angst vor erneuten Schmerzen das Ereignis so tief in uns vergraben, dass wir es gedanklich nicht mehr fassen können. Es ist ins Unterbewusstsein abgedrängt und wir können seine Auswirkungen nicht mehr steuern. Aber unser Körper drückt die Kränkung aus. Achten Sie deshalb bewusst auf Ihre Körpergefühle. Wenn Sie Schmerzen haben, fragen Sie sich, was dahinter steckt. Seien sie ehrlich mit sich selbst.

Hildegard hat es sehr geholfen, dass sie den heiligen Geist bitten konnte, aufzudecken, warum sie an einer schweren Arthritis erkrankte. Ein langwieriger Prozess des Aufarbeitens ihrer frühen Kindheit setzte ein. Eine christliche Psychotherapeutin begleitete sie und half ihr, sich selbst mit ihren krankmachenden Verhaltensmustern zu verstehen.

Hildegard musste sich von der Schuld trennen, die andere an ihr begangen hatten. Viele von uns müssen dann den Schuldigen aus ihren Gedanken und Gefühlen hinauswerfen, da er sich dort eingenistet hat.

Dabei helfen drei praktische Anleitungen eines Therapeuten:

1. Ich stoppe meine Selbstgespräche, die ich immer wieder mit dem Täter führe.

2. Ich stoppe meine Rachephantasien und Selbstmitleidsattacken und stelle mir vor, wie ich den Täter aus mir, aus meinem Leben, aus meinem Haus hinauswerfe und die Tür schließe.

3. Ich schreibe auf, was mir angetan wurde. Denn ohne eine Anklageschrift gibt es weder eine Verurteilung noch einen Freispruch. Ich stelle mir vor, dass ich dem Verursacher, der auf einem Stuhl vor mir sitzt, gegenüberstehe. Ich lese ihm alles vor. Ich sage ihm, dass ich nun nichts mehr mit dieser Schuld zu tun habe, sondern Jesus mich davon befreit hat.

Bei David sehen wir, wie er seine Seele entlastet. Der folgende Psalm 58 ist ein gutes Beispiel dafür, wie er Schuld benannte:

Ihr, die ihr Macht ausübt, trefft ihr wirklich gerechte Entscheidungen?
Gilt noch gleiches Recht für alle? Nein!
Schon eure Gedanken sind von Ungerechtigkeit verseucht!
O Gott, schlage ihnen die Zähne ein!
Brich diesen Löwen das Gebiss aus, Herr!
Wenn sie ihre Waffen einsetzen wollen, schlage sie ihnen aus der Hand!
Lass sie eingehen wie Schnecken in sengender Hitze!
Du Gott wirst mit ihnen abrechnen!

Würden Sie sich trauen, so etwas Gott gegenüber auszusprechen?

Er hatte die Fähigkeit, sein Herz vor Gott auszuschütten, alles hinauszuschreien, was ihn quälte, es leerlaufen zu lassen, damit die erlebte Ungerechtigkeit und eigene Schuld ihn nicht vergifteten. Wir sind viel zu angepasst und zu moralisch. Daher ermutigen wir Sie, lesen Sie zu Hause diesen Psalm in einer modernen Übersetzung und finden Sie ihre eigenen Worte zu Ihrem persönlichen Unglück und dessen Verursacher.

Vergebung bei aktuellen Problemen

Dieses Vorgehen betrifft nicht die Vergangenheit, sondern die Gegenwart. Es geht darum, rechtzeitig gegenzusteuern, wenn Unrecht abzusehen ist, z. B. bei Erbangelegenheiten oder bei Mobbing. Selbst Jesus hat Unrecht angesprochen, als der Diener des Hohepriesters ihn schlug. Wer Angst hat, gezielten Provokationen anzusprechen und die Auseinandersetzung mit der betreffenden Person scheut, fördert weitere Angriffe. Wer sich Unrecht zufügen lässt, erniedrigt für andere die Schwelle, dieses Unrecht wieder zu tun. Und das heißt, dass er sich innerlich mit immer mehr Kränkungen herumschlagen muss. Mobbingopfer sind Personen, die nicht darauf bestehen können, dass ihre Grenzen geachtet werden. Und dieses Bestehen auf der Achtung der eigenen Grenzen ist nur mit einem gesunden Selbstbewusstsein möglich, das uns Jesus schenkt.

Der Apostel Paulus hatte dieses Selbstbewusstsein. Er wurde mit seinem Begleiter Silas unrechtmäßig in der griechischen Stadt Philippi misshandelt und ins Gefängnis geworfen. Er bestand auf der öffentlichen Entschuldigung durch die Stadträte[54].

Übergabe der Schuld

Die fünfte Anleitung, wie man vergeben kann, stammt ursprünglich aus der Bibel, wurde aber vom Chefarzt einer psychotherapeutischen Klinik für uns verständlich beschrieben. Er sagt, wir können die ganze Rechts- und Unrechtsangelegenheit an eine übergeordnete Instanz übertragen. Eine Übertragung eignet sich besonders dann, wenn ein Opfer einen Trennungsstrich ziehen will und muss, um endlich zur Ruhe zu kommen, um einen Heilungsprozess in Gang setzen zu können.
Übertragung bedeutet, dass die betroffene Person die Bestrafung des Täters (also ihr persönliches Recht auf Wiedergutmachung) auf Gott übertragen kann. Damit übernimmt Jesus selbst die Schuld des Täters. Dies nennt die Bibel Vergebung. Jesus selbst schafft die an mir begangene Schuld aus der Welt. Sie wissen vielleicht, dass es wissenschaftliche Untersuchungen gibt, wonach Menschen, die in einer engen Beziehung zu Gott leben, Zugang zu tiefem Vertrauen bekommen, das wirkliche Veränderung auch in ganz schweren Lebenskrisen ermöglicht. Diese Menschen können vertrauen, dass diese Krise sie letztendlich weiterbringen und Gutes hervorbringen wird. Übertragung hilft bei allen seelischen Verletzungen, die in der Vergangenheit liegen. Sie ist ungeeignet für alle Beziehungen, in denen wir jetzt leben, wie Ehe und Partnerschaft, Eltern-Kind-Beziehung, beim Miteinander am Arbeitsplatz und in der Gemeinde. Hier müssen die Verletzungen aufgedeckt und angesprochen werden. Denn zur

---

[54] Apg 16,37-39

Versöhnung in einer aktuellen Beziehung gehören zwei, da eine Klärung der Hintergründe und gegenseitige Vergebung nötig ist.

Verzeihen ist ein Prozess

Was bisher zu den Vergebungsschritten gesagt wurde, betraf unseren Willen, zu vergeben, völlig ungeachtet unserer Gefühle. Über unsere Gefühle haben wir nur wenig Macht. Ein kluger Mann sagte: „Sie können Ihren Willen per Eilexpress schicken, aber Ihre Gefühle kommen später als Schneckenpost nach." Daher ist Vergebung eine Reise, die aus vielen Schritten besteht und auch Rückschritte kennt. Vergebung braucht Zeit. Wenn wir lange Jahre seelische Verletzungen nicht angesehen haben, haben sich Gedanken und Gefühle selbständig gemacht. Es braucht intensives Training, sie auf Vergeben und neue Denkgewohnheiten umzupolen. Und Sie brauchen Geduld mit sich selbst in diesem Umdenkungsprozess. Viele kleine Schritte müssen gegangen werden, bei denen auch Rückfälle möglich sind. Vergebung ist manchmal ein mühsamer, langwieriger Weg, bei dem Gott uns gerne hilft und den Er belohnt. Immer wieder muss ich in diesem Prozess wiederholen, dass ich vergeben habe.

In den USA gibt es ein Institut für Vergebensforschung[55]. Folgende Resultate wurden bekannt gegeben: Verzeihen senkt den Blutdruck, lindert Rückenschmerzen und Depressionen, unterstützt die Rehabilitation nach Bandscheibenvorfällen und bekämpft Übergewicht als Folge des nicht loslassen Könnens.

---

[55] Midwest Institute for Forgiveness und Newsweek, Sept 2004

In einem Zeitungsartikel[56] berichtet Frau Eva Mozes Kor, die im KZ unter dem KZ-Arzt Mengele zusammen mit Ihrer Zwillingsschwester unmenschlichen medizinischen Experimenten unterzogen wurde:

„Ich plädiere dafür, dem Täter zu vergeben, weil es dem **Opfer hilft, gesund zu werden**. Es geht dabei nicht so sehr um den Täter! Ich halte vor allem deshalb mehr von Vergebung als von Gerechtigkeit, weil Gerechtigkeit den Opfern nicht hilft. Ich bin gefragt worden, ob ich dafür gewesen wäre, Mengele zum Tod zu verurteilen? Was hätte ich davon gehabt, dass er tot ist? Mit Strafe und Gerechtigkeit kann ich als Opfer wenig anfangen. ... Für mich ist die Frage der Heilung entscheidend. Ich wollte in der Lage sein, Ausschwitz zu besuchen und abends in eine Bar zu gehen und tanzen zu können. ... Ich lehne es ab, die Rolle des Opfers zu spielen (Anmerkung von uns: Diese Rolle ist bereits durch Jesus besetzt!) Als ich mit dem Vergeben begonnen hatte, fiel eine Last von meinen Schultern, die ich fast 50 Jahre mit mir herumgetragen hatte. Die Vergebung schafft einfach die Möglichkeit, dass ein Opfer wieder zu jemand wird und man ist einfach ein ganz normaler Mensch. Ein Überlebender hat das Recht zu vergeben. Ein Recht, die Autonomie über mein Leben zurückzuerhalten."

---

[56] Frankfurter Rundschau vom 13.6.2003

Ansatzpunkte

Im Folgenden geben wir einige Ansatzpunkte, falls der Suchende nichts selbst vorbringen kann.

Sie sollen auf keinen Fall das Wirken des Heiligen Geistes beeinflussen, sondern nur als Anhaltspunkt dienen, an welchen Stellen es „hängen" könnte.

Anrechte

Manchmal liegt einem Symptom ein Anrecht Satans[57] zugrunde. Ein Anrecht begründet einen Anspruch Satans auf jemanden. Biblischer Beleg dafür ist, dass Satan an Jesus keine Anrechte hatte. „Er findet nichts an mir, was ihm Macht über mich geben könnte."[58] D. h., es können in uns Anrechte sein, die dem Widersacher Macht über uns geben. Es gibt auch positive Anrechte, z.B. am Baum des Lebens[59].

Solange dieses Anrecht nicht aufgedeckt und zerstört wird, wird sich an den Symptomen nichts ändern können, denn der Feind lässt von nichts los, was ihm zusteht.

Hier ist der Heilige Geist besonders hilfreich, das zu benennen, was die Freiheit behindert. Einige Beispiele, die jedoch in keiner Weise erschöpfend sind:

- Familiengeheimnisse wie Alkoholprobleme, Standesdünkel, Habsucht, Geiz oder sexuelles Fehlverhalten
- Flüche
- Schwüre, auch eigene (Ich werde nie mehr ... Ich werde nie wie mein Vater sein, weil ...). Schwüre insbesondere der Eltern oder Großeltern, die auf

---

[57] Martin Buber nennt in seiner hervorragenden Übersetzung des Alten Testaments ins Deutsche den Satan nur den Hinderer. Er kann nur etwas behindern, nicht verhindern!
Martin Buber, Die Schriftwerke, Deutsche Bibelgesellschaft 1962, Buch Ijob (Hiob) Kap 1, 6.
[58] Joh 14, 30b
[59] Offb 22, 14

das Dritte Reich und Hitler schwören mussten. Alle Männer, die zum Kriegsdienst eingezogen wurden, mussten auf den „Führer" schwören.

- Missbrauch, Abtreibungen, Traumata, u.a., die bei Vorfahren vorgekommen sind.
- Festlegungen durch Eltern, Lehrer, auch eigene (Aus Dir wird nichts Gescheites. Ich bin dumm.)
- Freimaurerei und ähnliche Geheimbünde
  Biblische Belege dazu:

Geheimnisse
Joh 3,20: Denn jeder, der Schlechtes tut, hasst das Licht; er tritt nicht ans Licht, damit sein Tun nicht aufgedeckt wird.

Eph 5, 11-14: „Und beteiligt euch unter keinen Umständen an irgendeinem Tun, das der Finsternis entstammt und daher keine guten Früchte hervorbringt. Deckt solches Tun vielmehr auf!
Denn was manche im Verborgenen treiben, ist so abscheulich, dass man sich schämt, es auch nur zu erwähnen.
Doch alles, was aufgedeckt wird, ist dann im Licht ‚als das' sichtbar, ‚was es wirklich ist'.
Mehr noch: Alles, was sichtbar geworden ist, gehört damit zum Licht."

Fluch
Offb 22, 3: "In dieser Stadt wird es nichts mehr geben, was unter dem Fluch ‚Gottes' steht".

1. Sam 3,13: Eli hat erkannt, dass seine Söhne sich den Fluch zuzogen

Sach 5,3: „Dies ist der Fluch, der ausgeht über die Fläche des ganzen Landes."

Festlegungen

Matth 5, 22: „Wer zu seinem Bruder sagt: ›Du Dummkopf‹, der gehört vor den Hohen Rat. Und wer zu ihm sagt: ›Du Idiot‹, der gehört ins Feuer der Hölle."

Eph 4,29-30: „Kein böses Wort darf über eure Lippen kommen. Vielmehr soll das, was ihr sagt, gut, angemessen und hilfreich sein; dann werden eure Worte denen, an die sie gerichtet sind, wohltun."

Anrechte durch Handlungen oder Aussprüche von Vorfahren

Entweder weiß der Betroffene davon, dann kann er sich davon lösen und der Seelsorger wird im Namen Jesu die Bindungen und Anrechte abschneiden.
Oder er weiß nichts davon. Dann kann der Seelsorger den Heiligen Geist bitten, aufzuzeigen, wo etwas vorliegt. Die Macht dieser Anrechte kann durch viele Generationen wirken.[60]

Was hierbei noch mehr bestürzt, ist, dass neuere Forschungen belegen, wie die Weitergabe solcher negativen Erfahrungen erfolgt.[61]
Und dass sie fatalerweise bereits während der Schwangerschaft beginnt!
Hier kann man besonders deutlich die zerstörerische Macht der Sünde sehen.

---

[60] 2. Mose 34,7
[61] Joachim Bauer, Das Gedächtnis des Körpers, Piper Verlag 19.Auflage 2012: insbesondere Kapitel 6 und 14

Für das Auslöschen der Anrechte gibt es eine interessante Parallele:

Zu neutestamentlicher Zeit wurde mit Tinte auf Pergament geschrieben. Da Pergament sehr teuer war, wurde eine löschbare Tinte verwendet. Man konnte also alles, was auf dem Pergament stand wieder löschen, ungeschrieben machen. Das Blatt war danach leer, neu wie zuvor. Ein unbeschriebenes Blatt. Und konnte neu beschrieben werden, was man dann Palimpsest nannte.

Das macht Jesus, wenn er diese Anrechte an sein Kreuz nimmt.

Herz ausschütten

Eine weitere Möglichkeit im Rahmen der Hörenden Seelsorge besteht darin, dass der Suchende sein Herz vor Gott und im Beisein des Seelsorgers ausschüttet. Dazu ist eine Vorbereitungszeit nötig, und ggfs. vereinbart man einfach einen neuen Termin.

Ablauf

Der Suchende nimmt sich Zeit und schreibt alles unsortiert auf, was ihm einfällt: Was bedrückt ihn, wo fühlt er sich ungerecht behandelt, worüber ist er traurig oder wütend, etc. Der Vorgang ist dem Ausschütten einer Damenhandtasche ähnlich: Alles fällt einfach raus. Später liest der Suchende das Aufgeschriebene dem Seelsorger/Seelsorgerteam vor, und zwar möglichst ohne Scham und ohne bestimmte Punkte im letzten Augenblick wegzulassen. Während des Vorlesens hört der Seelsorger aufmerksam auf den Heiligen Geist, ob es Punkte gibt, die wichtig sind:

- Festlegungen der betroffenen Person durch andere oder über sich selbst
- Schuld an anderen oder von anderen
- Angstgedanken, Angstträume, falsche Vorstellungen von Gott dem Vater, Jesus oder dem Heiligen Geist

Die Seelsorger achten auf ihr Körpergefühl, manchmal redet der Heilige Geist dadurch.

Nicht alles ist bei der Auflistung wichtig, aber der Heilige Geist lässt den Seelsorger die Kernthemen der Person erkennen. Alles, worauf der Heilige Geist uns aufmerksam macht, wird notiert, gegebenenfalls als Stichwörter. Dann können Seelsorger und Suchender das Notierte nacheinander durchgehen und die einzelnen Punkte in relativ kurzer Zeit bearbeiten. Lassen wir uns nicht durch die Fülle verwirren, sondern einfach die ungeordnete Reihenfolge durchgehen:

- Die Flüche und Festlegungen (durch die eigene und andere Personen) brechen, ans Kreuz Jesu bringen und dort binden in Zeit und Ewigkeit.
- Die falschen Vorstellungen durch richtige ersetzen. Dabei ist zum Geist der Person zu reden, nicht zum Verstand!
- Die Macht der Angstträume brechen.
- Die Schuld der Person bekennen lassen und dann Vergebung zusprechen.
- Bei Schuld anderer an der Person ist ein stellvertretendes Schuldbekenntnis zu prüfen. Auf alle Fälle ist die Macht der Schuld für unwirksam zu erklären: Jesus hat bereits bezahlt.
- Alles, was ins Licht Jesu kommt, verliert seine Macht.

Wir reden hier zum Geist der Person, nicht zu Ihrem Verstand. Die Leiterin einer Einrichtung mit Babyklappe hat sehr gute Erfahrungen damit gemacht, den Geist des Findelkindes anzusprechen. Basierend auf den Erkenntnissen der französischen Kinderärztin und Psychoanalytikerin Françoise Dalto spricht sie über Neugeborenen die Wahrheiten Gottes aus, obwohl diese das Gesagte noch gar nicht verstehen können. So können auch wir handeln: Manchmal muss der Geist der suchenden Person geweckt oder ins Leben gerufen werden, weil er durch Festlegungen oder Flüche keine „Lebensberechtigung" hatte.

Beim Herzausschütten kann so in relativ kurzer Zeit eine erste Bereinigung erfolgen. Sie wird möglicherweise nicht umfassend sein, aber weitere Bereinigungen können zu einem späteren Zeitpunkt, wenn der Heilige Geist mehr an der Person getan hat, wiederholt bzw. nachgeholt werden.

Am Ende sollte der Seelsorger den Suchenden mit dem Heiligen Geist versiegeln und ggfs. salben. Danach ist zu überlegen, ob eine erneute oder erstmalige Lebensübergabe (inkl. Schuldbekenntnis) an Jesus nötig ist.

Der Zeitbedarf ist meist eine bis drei Stunden.

Missbrauch (seelischer, körperlicher und geistlicher Art)

Seelischer Missbrauch
Bei seelischem Missbrauch mussten Kinder als Ersatz für den verlorenen, abwesenden oder verständnislosen Partner dienen. Sie mussten ihre Geschwister mit aufziehen und haben ihre eigene Kindheit darüber verloren, weil sie Verantwortung aufgeladen bekamen, die sie nicht tragen konnten. Oder sie haben sich die Verantwortung selbst aufgeladen (siehe Beispiel vom weißen Elefanten, Kapitel BEGEBENHEITEN). Im Auftrag Jesu wird nun die Verantwortung dem Betroffenen abgenommen.

In der ganzen Bibel kommt das Wort Verantwortung nicht vor. Jesus legt niemandem eine Verantwortung auf! Es gibt ein paar Stellen im Neuen Testament vom „sich verantworten", diese beziehen sich jedoch auf Verteidigen oder Rede und Antwort stehen,[62] niemals jedoch darauf, sich oder jemandem Verantwortung aufzuladen.

Körperlicher Missbrauch ist mit größter Vorsicht zu behandeln und in aller Regel nicht in einem Gespräch zu lösen. Auch hier sind, wie bei okkulten Sachlagen, mehrere Seelsorger hilfreich.
Wichtig sind drei Dinge.

Erstens: Aussprechen, dass Gott der Vater mit in der Situation war und mitgelitten hat, was Menschen seinem Kind angetan haben. Die Frage, warum er es nicht verhindert hat, muss Gott dem Betroffenen selbst beantworten.

---

[62] Apg 22,1; 1.Petr. 3,15 sowie verantworten Luk. 12,11 und 21,14; Apg 19,33 +40 (Elberfelder Konkordanz)

Zweitens: Dem Betroffenen seine Unberührtheit zurückgeben: „In den Augen des Vaters bist Du jetzt unberührt, rein, untadelig und niemand darf dich mehr verklagen, weder vor dem Vater noch vor Dir selbst. Du bist eine Prinzessin oder ein Prinz, der jederzeit Zutritt zum Thronsaal des Vaters hat. Niemand darf dich abweisen. Du bist nicht mehr schmutzig, sondern reingewaschen und schön."

Drittens: Das kleine Kind in dem erwachsenen Menschen darf leben. Und es darf seine Kindheit haben. Und seine Kindheit ausleben. Das, was der Fresser geholt hat, will Gott der Vater erstatten.[63]

Der Heilige Geist kann auch weiteres oder anderes zeigen, was zu tun ist. Er ist unglaublich kreativ, und seine Hinweise sind auf die individuelle Situation des Betroffenen zugeschnitten.

Eine weitere Möglichkeit, die der Heilige Geist aufzeigen kann, ist, den Körper Stück für Stück Jesus zu übergeben. Manchmal kann der Betroffene dann bei einem Körperteil nicht weitersprechen oder weiter vorgehen. Dann sollte der Seelsorger den Heiligen Geist fragen, was weiter zu tun ist.

Ein Beispiel für körperlichen Missbrauch siehe „Die Wette" im Kapitel BEGEBENHEITEN.

Geistlicher Missbrauch
Hierunter verstehen wir einen Missbrauch, den geistliche Leiter ausüben können. In ihrer Funktion benutzen sie diese ihnen anvertraute Menschen um bestimmte eigene Ziel zu erreichen. Das können durchaus sehr positive Ziele

---

[63] Joel 2,25

sein, jedoch ist kein gemeinsames Hören auf das Reden des Heiligen Geistes erfolgt. Sie maßen sich an, zu entscheiden, welches Verhalten für eine Person richtig ist.

Autoritätspersonen pressen ihre „Schäfchen" in eine bestimmte religiöse Form und oft erstickt diese Form das geistliche Leben. Insbesondere wenn Listen mit Geboten und Verboten im Mittelpunkt stehen anstatt einer Beziehung zum Vater Jesu, zu Jesus Christus und dem Heiligen Geist vorzuleben.

Ein sehr gutes Buch dazu ist von Watchman Nee, „Die verborgene Kraft der Seele"[64]. Sie spielt bei geistlichem Missbrauch eine große Rolle.

Typische Aussagen dazu sind:
„Der Herr hat mir gesagt, dass Du ...."
„Wir sind alle aufgerufen, in die Mission nach Afrika zu gehen."
„Wir müssen mehr spenden."
„Du musst mehr Menschen durch Evangelisation erreichen, wem hast Du heute von Jesus erzählt?"

Der Heilige Geist redet oft durch andere zu uns, jedoch ist nie eine Befehlsform oder ein Zwang damit verbunden. Oder das Gemeindeleben wird mit verschiedenen Veranstaltungen durch die Woche derart ausgedehnt, dass kein Platz mehr für Kontakte zu Außenstehenden bleibt und das Familienleben vernachlässigt wird.

Manchmal steckt auch ein religiöser Geist dahinter. Das ist ohne den Heiligen Geist nicht zu unterscheiden, weil nur

---

[64] Watchman Nee, Die verborgene Kraft der Seele, erschienen 1976 in Dr. R-F. Edel Verlag Lüdenscheid als Nr.55

eine ganz kleine Abweichung vorliegt. Uns wurde das am Beispiel einer Satellitenschüssel deutlich. Wenn eine auf dem Dach steht, sieht man nicht, ob sie auf ASTRA oder EUTELSAT ausgerichtet ist, die Abweichung ist minimal. Der Effekt jedoch gravierend, da in einem Fall weitgehend deutschsprachige Programme empfangen werden, im anderen Fall in südeuropäischen Sprachen gesendet wird. Ein gutes Buch aus unserer Sicht dazu ist von Tommi Femrite[65], „Falsche Religiosität überwinden".

---

[65] Tommi Femrite und Rebecca Wagner Sytsema, Falsche Religiosität überwinden, 2010, Schleife Verlag Winterthur, Schweiz.

Okkulte Bindungen

Es kann sein, dass sich während der Hörenden Seelsorge okkulte Bindungen zeigen. Hier ist die Frage an den Heiligen Geist zu stellen, ob wirklich solche Bindungen vorliegen, oder ob diese nur vorgespielt werden. Letzteres haben wir auch schon erlebt.

Ursache für okkulte Bindungen können hier traumatische Erlebnisse sein, in deren Verlauf sich unreine Geister Zutritt zu dem Menschen verschafft haben. Oder es liegen familiäre Bindungen vor. Oder eine bewusste Übergabe an widergöttliche Mächte. Oder okkulte Praktiken wie Tische rücken, Karten legen, Hand lesen, usw. Auch wenn nur zum Spaß mitgemacht wurde, kann eine Bindung entstanden sein. Auch während einer Anästhesie, einer Ohnmacht, einer Angststarre[66], einem traumatischen Erlebnis oder dem angstvollen Miterleben, wie ein geliebter Mensch stirbt oder verletzt wird, können sich Tore für dämonische Mächte geöffnet haben.

Wo Müll ist, sind auch Ratten. Manchmal muss man zuerst den Müll (= die Sünde) beseitigen und danach die Ratten (= die dämonischen Mächte), manchmal ist es umgekehrt. Der Heilige Geist wird das zeigen.

Wir möchten nicht weiter auf okkulte Bindungen eingehen, sondern empfehlen, in einem konkreten Fall ein oder zwei in diesem Bereich erfahrene Seelsorger hinzuzuziehen.

---

[66] Lots Frau erstarrte zur Salzsäule, als sie das Schreckliche in Sodom und Gomorrha sah. 1.Mose 19,26. Vielleicht hätte sie auch mit dem, was da auf sie einstürmte, nicht mehr weiterleben können und Gott erbarmte sich über sie.

Wichtig ist in jedem Fall, dass die Geister, welche ausgetrieben werden, an den Platz gewiesen werden, den Gott ihnen anweist. Von Jesus wird bei einem Besuch im Land der Gerasener übereinstimmend in allen Synoptikern berichtet, dass die Geister, die aus dem Besessenen von Jesus ausgewiesen wurden, die Erlaubnis erhielten, in die Schweine zu fahren.[67] Jesus selbst weist darauf hin[68], dass kein leerer Raum zurückbleiben darf. Es ist hilfreich, jetzt den Heiligen Geist zu bitten zu zeigen, womit er diesen gereinigten Raum ausfüllen will.

Sinnvoll ist es, danach den Menschen im Namen des Vaters und des Sohnes und des Heiligen Geistes zu versiegeln.

Eine wichtige Bibelstelle für Seelsorger zu diesem Thema lautet: „Doch nicht darüber sollt ihr euch freuen, dass euch die Geister gehorchen. Freut euch vielmehr, dass eure Namen im Himmel aufgeschrieben sind.[69]"

---

[67] Lukas 8, 28 - 33
[68] Lukas 11, 24-26
[69] Lukas 10, 20

Schuld, die ich angerichtet habe oder meine, angerichtet zu haben

Abtreibung

Bei Abtreibung handelt es sich um Tötung an einem ungeborenen Menschen. Der Suchende erbittet Vergebung und der Seelsorger spricht ihm diese zu. Wichtig: Das ungeborene Kind (mit Worten) in den Schoß des Vaters legen. Gott hat dieses Kind gewollt, und es wartet nun im Himmel auf seine Eltern.

Fehlgeburt

Der Heilige Geist wird zeigen, ob hier Schuld vorliegt oder nicht.

Zum Thema Fehlgeburten gibt es eine wunderbare Geschichte in dem Buch „Den Himmel gibt's echt". Der kleine Junge begegnet seiner namenlosen Schwester im Himmel und erzählt seinen Eltern davon. Dies nimmt den Schmerz von Vater und Mutter weg und verwandelt ihn in Vorfreude[70].

Beispiel Michelle:

Hildegard hatte beim Beten für Michelle ein Bild von einem Baby, das im goldenen Kleid auf dem Schoß des Vaters liegt und von ihm gehalten wird. Michelle begann zu weinen, und als sie wieder sprechen konnte, erzählte sie von einer Fehlgeburt, die spät in der Schwangerschaft passiert war. Das Bild von dem Baby auf dem Schoß des Vaters hat Michelle von ihrer tiefen Trauer erlöst.

---

[70] Todd Burpo, Den Himmel gibt's echt, SCM Hänsler, 2012

Selbstschutzhaltungen

Das verletzte Kind in uns musste manchmal Selbstschutzmaßnahmen ergreifen, um zu überleben. Diese waren
damals in gewissem Sinne hilfreich, sind allerdings im Laufe der Zeit zu Hindernissen und Blockaden in der Entwicklung geworden.

Stolz

Dazu gehören Sätze und Festlegungen wie „Ich schaffe es
allein. Ich vertraue niemand. Mir macht niemand etwas
vor." In der Regel ist Stolz mit hoher Leistungsbereitschaft
verbunden und mit der Unfähigkeit, um Hilfe zu bitten
oder diese anzunehmen. Auch Perfektionismus kann eine
Ausprägung sein. Stolz kann sich auch in Ironie äußern, in
kühlen und distanzierten Beziehungen oder in isolierter
Lebensweise. Ursache ist meist ein tiefer Vertrauensverlust
in der frühen Kindheit.

Flucht

Damit ist Flucht vor dem eigenen Abgrund in Süchte aller
Art gemeint: Alkohol, Kaufrausch, Essen, Computersucht,
Krankheit, Depressionen, neue Medien, Facebook und
andere soziale Netzwerke, Verweigerung am Leben aktiv
teilzunehmen.

Rebellion

Passive oder auch depressive Rebellion drückt sich in einem „Nein" zu **dem** Leben aus, das Gott mir gegeben hat.
Passive Rebellion ist erkennbar an Selbstmitleid, Flucht in
eine Opferrolle, Flucht in Depression - die Rebellion wird
auf das eigene Herz gerichtet. Aktive Rebellion zeigt sich in
Trotz, Angriff, Aggression, Unzufriedenheit, Forderungen,
Kontrolle, Ablehnung und Hass bis hin zu Mordgedanken.

Angst

Angst hat viele Ausprägungen, so z. B. Enge, Bedrängnis, Angst vor Fehlern, vor Versagen, es nicht zu schaffen, zu kurz zu kommen, Angst vor Ablehnung und Ausgrenzung. Angst wird somit zu einem Gefängnis.

Scham

Gemeint ist falsche Scham über unser verwundetes Herz, über unsere Lebensgeschichte und erlebte Verletzungen. Wir verstecken unser Herz und tragen Masken, wir produzieren Lebenslügen wie „meine Eltern konnten nichts dafür, es war nicht so gemeint, mein Mann konnte nicht anders".

Depression

Eine Depression ist eine psychische Störung mit Zuständen psychischer Niedergeschlagenheit. Sie kann als Aggression gegen sich selbst (Flucht) bezeichnet werden.

Aggression

Aggression wird durch negative Gefühle hervorgerufen und kann sich gegen den Täter in Gedanken und Gefühlen, aber auch durch Taten richten.

Der Seelsorger kann den Heiligen Geist bitten, die Schutzmauern aufzuzeigen, die der Betroffene errichtet hat. Selbstschutzmaßnahmen sind hartnäckig, haben sich tief verankert und funktionieren auch nach einer Lebensübergabe immer noch. Sie hindern einen Menschen jedoch daran, sich weiterzuentwickeln.

Sexuelle Verfehlungen

Wir können in unserer Gesellschaft und bei Einzelpersonen den Schaden sehen, der durch sexuelle Verfehlungen angerichtet wird und der Menschen gefangen nehmen kann. Jeder dieser sexuellen Kontakte stellt nach biblischem Verständnis eine körperliche, seelische und geistige Vereinigung zwischen den Beteiligten her[71]. Wer kann jedoch mit mehreren oder gar dutzenden Menschen eine Einheit bilden? Das wird ihn unweigerlich zerreißen.

Hier wird der Heilige Geist zeigen, wie der Schaden wieder gut gemacht werden kann. Am Beispiel der Erzählung von der Samariterin können wir einen Ansatz von Jesus sehen[72]. Auch Jesus sah den Schaden, den sie durch ihre wechselnden Beziehungen genommen hat. Aber er verurteilte sie nicht und forderte sie nicht einmal zur Umkehr auf! Ihm war die Begegnung mit ihr viel wichtiger, denn aus Begegnung und Beziehung entstehen Veränderung und Heilung, nicht durch unser Bemühen.

Wir haben manchmal den Eindruck, dass der Bereich der sexuellen Verfehlungen in einigen Gemeinden zu stark gewichtet wird. Dies geschieht wohl, weil wir heutzutage ständig vom Thema Sex bombardiert werden, vor allem in den Medien. Jesus hat viel öfter über Habsucht, Götzendienst, Geld, Neid und Stolz gepredigt. Vielleicht ist dieser Bereich deshalb übergewichtet, weil er besser sichtbar ist als Neid oder Stolz, z. B. wenn zwei Unverheiratete zusammenziehen. Oder weil die Medien das als normal ansehen. Habsucht und Stolz kann man christlich verbrämen und dennoch davon gefangen sein. Hüten wir uns davor,

---

[71] 1. Mose 2,24 sie werden EIN Fleisch sein.
[72] Joh 4,7 – 29

Urteile über Menschen in unserem Herzen zu haben, die der Heilige Geist ganz anders sieht.

Es gibt keine Hierarchie von Sünden, hier die schlimmen und da die weniger schlimmen. Ja, es gibt die Sünde wider den Heiligen Geist[73], von der Jesus sagt, dass sie nicht vergeben wird. Im Hebräerbrief[74] steht dazu: „Denn eines steht fest: Wenn einem Menschen einmal die Augen für die Wahrheit geöffnet wurden und er die Gnade kennen gelernt hat, die Gott schenkt, wenn er Anteil am Heiligen Geist bekommen und Gottes wunderbares Wort und die Kräfte der kommenden Welt kennen gelernt hat und sich dann bewusst von Gott abwendet, ist es unmöglich, ihm erneut zur Umkehr zu verhelfen".

Diese Verse beziehen sich sicher nicht auf den Bereich der sexuellen Verfehlungen. Jede Sünde trennt uns von Gott und schadet uns. Und zwar unabhängig davon, ob wir das für wahr halten oder nicht.

---

[73] Matth 12,31 Mark 3,29
[74] Hebr 6,4-6

Praktische Hilfen und Werkzeuge

Es gibt keine allgemeingültige Methode für die Hörende Seelsorge. Jeder hörende Seelsorger ist völlig auf das Reden und die Anweisungen des Heiligen Geistes angewiesen. Für Sein Wirken gibt es keinen Ersatz; kein Erfahrungsschatz und keine Ausbildung können das Know-how des Heiligen Geistes mit seiner tausendjährigen Erfahrung an Millionen von Kindern Gottes ersetzen.

Andererseits stehen uns Waffen oder Werkzeuge wie aus einem Werkzeugkasten zur Verfügung, die der Heilige Geist je nach Erfordernis einsetzen will.

Nach 2. Kor 6, 7 sind sie in zwei Kategorien eingeteilt: Es gibt Waffen zur Linken und zur Rechten; also Waffen der Verteidigung und Waffen des Angriffs.

Nach unserer Einschätzung dienen folgende zwei Werkzeuge der Verteidigung:

a. Waffenrüstung nach Eph 6, 11-18a
- Der Helm des Heils, der unsere Gedanken beim Heiligen Geist hält.
- Der Gürtel der Wahrheit, der das Flattern des Gewandes (oder der Tunika) verhindert, das uns beim schnellen Vorangehen zu Fall bringen kann.
- Die Schuhe der Bereitschaft, die Gute Nachricht zu verkünden, nämlich dass sich der Vater über seine Kinder erbarmt hat
- Der Großschild des Glaubens (=Vertrauens in Jesus und den Heiligen Geist), der uns ganz abdeckt und alle Angriffe,

die durchaus stattfinden, abwehrt. Der Suchende kann z. B. blockiert sein oder schweigt oder will sogar weglaufen.

- Das Schwert des Wortes Gottes gehört eigentlich schon zu den Angriffswaffen, jedoch hat Jesus bei seiner Versuchung durch den Satan stets gesagt: Es steht geschrieben[75]....

Nach Eph 6, 17b gibt uns der Heilige Geist das „Schwert des Wortes Gottes" (Übersetzung nach NGÜ).

b. Wir stellen uns alle unter den Schutz des Blutes Jesu, unter den Schutz des Höchsten.

Wir haben gute Erfahrungen damit gemacht, uns, die Nachsuchenden, unsere Familien und unseren Besitz zu Beginn einer Seelsorge unter den Schutz des Blutes Jesu zu stellen. Dies erfolgt, damit der Feind keinen Zutritt zu uns hat und dass er unsere Gedanken und unseren Geist, der mit dem Heiligen Geist redet, nicht beeinflussen kann.

---

[75] Lukas 4, 4+8+12

Einige alttestamentliche Belege dazu sind:

2.Mose 12,13
Beim Auszug aus Ägypten verschont das Blut des Passah-Lammes die Israeliten vor dem Sterben der Erstgeburt.

Psalm 91,1-2
„Wer im Schutz des Höchsten wohnt, bleibt im Schatten des Allmächtigen.
Ich sage zum HERRN: Meine Zuflucht und meine Burg, mein Gott, ich vertraue auf ihn!"

Einige neutestamentliche Belegstellen:

Joh 6,53
„Ich versichere euch: Wenn ihr das Fleisch des Menschensohnes nicht esst und sein Blut nicht trinkt, habt ihr das Leben nicht in euch."
Das geht weit über das hinaus und meint sicherlich das Abendmahl. Jesu Blut schafft Leben und bewahrt Leben, das ist der tiefere Inhalt des Wortes.

Eph 2,13
„Weil Christus sein Blut für euch vergossen hat, seid ihr jetzt nicht mehr fern von Gott, sondern habt das Vorrecht, in seiner Nähe zu sein."

Hebr. 2,14
„Weil nun aber alle diese Kinder Geschöpfe aus Fleisch und Blut sind, ist auch er ein Mensch von Fleisch und Blut geworden. So konnte er durch den Tod den entmachten, der mit Hilfe des Todes seine Macht ausübt, nämlich den Teufel."

Hebr 12,22-24

„Ihr hingegen seid zum Berg Zion gekommen, zur Stadt des lebendigen Gottes, dem Jerusalem, das im Himmel ist. Ihr seid zu der festlichen Versammlung einer unzählbar großen Schar von Engeln gekommen ... Und ihr seid zu dem Vermittler des neuen Bundes gekommen, zu Jesus, und seid mit seinem Blut besprengt worden – mit dem Blut, das noch viel nachdrücklicher redet als das Blut Abels."

Das ist ein Rückgriff auf die letzte Plage in Ägypten, als das Bestreichen der Türpfosten (dem Eingang in das Haus mit dem Besitz und der ganzen Familie) mit dem Blut eines fehlerlosen Lammes (ein Hinweis auf Jesus) den Würgeengel vorbeigehen ließ.

Hebr 13,12

„Weil Jesus gekommen war, um das Volk durch sein eigenes Blut zu heiligen, musste auch er außerhalb der Stadtmauern sterben."

1.Petr 1,1-2

Ich, Petrus, sende meinen Gruß ... an die Gemeindeglieder in Asien,... die in der Zerstreuung leben und von Gott auserwählt sind, in der Heiligung durch den Heiligen Geist zum Gehorsam und zur Besprengung mit dem Blut Jesu zu gelangen. (Übersetzung nach Menge[76])

Offbg 7,14

„Ihre Gewänder sind deshalb so weiß, weil sie sie im Blut des Lammes gewaschen haben."

---

[76] Hermann Menge, Das Alte und Neue Testament,   Württembergische Bibelanstalt, 11.Auflage

Die geistlichen Waffen zum Angriff sind die folgenden in diesem Kapitel aufgeführten praktischen Hilfen und Werkzeuge. Möglicherweise gibt es noch weitere, insbesondere im Bereich der körperlichen Heilung, in deren Gebrauch uns der Heilige Geist noch wenig eingeführt hat. Jesus hat uns ausdrücklich beauftragt[77]: „Heilt Kranke, weckt Tote auf, macht Aussätzige rein, treibt Dämonen aus."

---

[77] Matth 10,8

Das zweischneidige Schwert

Psalm 149, Verse 6 und 9

Das zweischneidige Schwert besteht aus

- Lobpreis auf den Lippen (Vers 6) und
- dem Vollstrecken des lange gefällten Urteils (Vers 9).

Dazu muss man natürlich das Urteil kennen und Gott die Ehre geben, denn er macht es, nicht wir. Das heißt, wir müssen wissen, welches Urteil der Heilige Geist in einer Sache gefällt hat und wie wir das unter seiner Anleitung vollstrecken sollen. Der Lobpreis auf unseren Lippen bedeutet, dass Gott die Ehre gebührt, und nicht unserer eigenen Klugheit oder Erfahrung.

Das zweischneidige Schwert scheidet Mark von Bein[78], also Seele von Geist. Es scheidet also das, was von Gott herkommt, von dem, was nicht von Gott ist. Es ist für uns oft nicht klar zu erkennen, was in einer bestimmten Situation gut und angebracht ist, und was nicht mehr. Hier hilft der Heilige Geist
z. B. durch ein Wort aus der Bibel, durch die klare Benennung der Situation, durch eine Unterscheidung der Geister oder durch eine Offenbarung (= etwas, das wir nicht wissen können, wie z. B. den Namen eines bösen Geistes, der einen Menschen gefangen hält, oder ein Ereignis in der Vergangenheit).
Dann ist das Urteil zu vollstrecken, das bedeutet, die Abtrennung dessen durchführen, was nicht von Gott ist, von dem Menschen, der Gott gehört: „Ich trenne jetzt im Auftrag und in der Vollmacht Jesu dieses Verhalten, diesen

---

[78] Hebr 4,12

Geist, ... von Dir ab." oder „Ich durchtrenne im Auftrag und in der Vollmacht Jesu die Bindungen an ...".

Unbedingt gefüllt werden muss der leer gewordene Raum dann mit dem, was der Heilige Geist uns jetzt für den Nachsuchenden gibt: Frieden des Vaters, Liebe des Vaters, Jesu Erbarmen, Früchte des Geistes, ...

Beispiel:
Befreiung von einem religiösen Geist
Bei dem folgenden Erlebnis während der Hörenden Seelsorge waren vier Personen anwesend: drei Seelsorger A, B und C sowie der Seelsorge Suchende S. Zu Beginn stellten sich alle unter den Schutz des Blutes Jesu.

Der erste Eindruck kam in einem visionären Bild bei B: Ein Geist des Geldes. Diese Bindung wurde gelöst.

Dann kam der Eindruck eines schillernden, sich ständig veränderten Geistes. Wir fragten den Heiligen Geist weiter, was zu tun sei. Der Eindruck kam, dass ein weiterer Geist da sei.

Aber wir brauchen den Namen des Geistes, um ihn zu verweisen. Auf die Aufforderung, seinen Namen zu nennen, reagierte der Geist nicht. (Ein biblischer Beleg zu dieser Stelle ist Lukas 8,30 als Jesus nach dem Namen des Geistes fragt.) Daraufhin baten wir den Heiligen Geist, uns zu helfen. Nach längerem Fragen wussten A und B **exakt** zur gleichen Sekunde den Namen des Geistes, den B aussprach und A sofort bestätigte. Diese Bindung wurde nun ebenfalls gelöst.

Dann begann S sich wortreich zu verteidigen, er wolle Gerechtigkeit nur auf der Basis der Bibel herstellen. Und das könne ja nicht falsch sein. Den Hinweis der Seelsorger, dass der Teufel sich auch der Bibel bedient, versuchte S wortreich zu widerlegen. Damit wüsste man ja nicht mehr, worauf man sich verlassen könne, damit wäre jede Zusage Gottes hinfällig. Doch dies hatten die Seelsorger gar nicht gesagt. Beide Seelsorger hatten den Eindruck, dass es sich um einen religiösen Geist handelt, und sprachen dies aus.

S sprach daraufhin ein wortreiches Absagegebet. Nichts jedoch geschah. Der religiöse Geist hatte sich der Aussage angeschlossen, dass der Teufel nicht auf die Seite Gottes gehört, denn das ist ja auch die Wahrheit.

Der Heilige Geist schenkte den Seelsorgern nun Einheit und den Eindruck, dass es sich um einen religiösen Geist handelt. Aber wie konnten sie ihn hinauswerfen, wenn S ihn doch verteidigte? S verteidigte den religiösen Geist mit Zitaten aus der Bibel und weiteren Schlussfolgerungen, die nicht ganz richtig waren.
Das Gespräch nahm einige Wendungen und Umwege, die aber immer wieder zur gleichen Frage führten: Wie kann man S klarmachen, wo die Grenze zu einem religiösen Geist sitzt, der ja vordergründig die Bibel verteidigt, in Wahrheit aber in das Gesetz zurückführt und Selbsterlösung verfolgt?

Da verriet sich der Geist mit der Bemerkung im Zuge eines Seitenzweigs des Gesprächs über Fischerei (Jesus am Ufer und die Jünger werfen das Netz neu aus) durch die Bemerkung, „wenn der Fisch an der Angel zappelt,…“. B wurde durch den Heiligen Geist auf diese Randbemerkung aufmerksam gemacht und die Seelsorger bekamen ein Bild, wie sie S die Situation klarmachen konnten: Der Fisch hängt an einem Haken (d. h., der Geist hat den Menschen besetzt). Man könnte ihn einfach lösen, jedoch hat dieser

Angelhaken einen Widerhaken gegen das Herausziehen. Und das ist die Verteidigung der Sicht von S bezüglich seines religiösen Zornes. Solange S seine Sicht nicht aufgibt (wegen der Widerhaken kann der Haken, also der religiöse Geist, nicht entfernt werden).

Nachdem der Unterschied zwischen religiösem Zorn und religiöser Wut dem S erläutert wurden, war schließlich deutlich, dass dieser religiöse Geist sich für S unmerklich eingeschlichen hatte und sich als für S berechtigte Wutausbrüche in geistlichen Fragestellungen äußerte.

Dieser Sachverhalt leuchtete S nun ein.

Aber wie heißt der Geist? B äußerte als erste Definition „Anti-Liebe", bis C schließlich bemerkte: „Hass".

Nun konnte die Trennung eingeleitet werden unter Zuhilfenahme des Schwertes des Wortes Gottes, das Mark und Bein scheidet. Die Seelsorger konnten den religiösen Geist vom richtigen Geist Gottes in S abscheiden, ihn binden und schließlich hinauswerfen.

Dabei bekannte S noch einen weiteren unreinen Geist, der ebenfalls an den Platz verwiesen wurde, den Jesus ihm für Zeit und Ewigkeit anwies.

Im Rahmen der anschließenden Segnung wurde S zugesagt, dass nun der wahre S hervortreten wird, so wie ihn der Vater erdacht und erschaffen hat.

Es war in diesem Fall sehr gut, dass mehrere Seelsorger anwesend waren, die sich hervorragend ergänzten. Wenn einer nicht mehr weiterwusste, übernahm der andere. Die Seelsorger konnten sich immer wieder durch Blickkontakt abstimmen, ob sie auf der richtigen Spur waren; und sie konnten neue Argumente oder Eindrücke in die Diskussion einführen.

Am nächsten Tag sprachen die Seelsorger über S noch ein abschließendes Segnungswort: Es wurden alle Einflüsterungen in S ausgelöscht, die der religiöse Geist ihm eingegeben hatte und die sich in stereotypen langen Bibelzitaten auswirkten.

Berühren, Anfassen, in den Arm nehmen

Es ist nötig, dass die Seelsorger den Hilfesuchenden vorher fragen, ob sie ihn berühren dürfen. Auch hier führt uns der Heilige Geist. Manchmal sehnen sich Menschen (nicht nur Frauen, sondern auch Männer, einfach mal in den Arm genommen zu werden. Ohne weitere Absichten. Das ist in der heutigen Zeit nicht einfach. (siehe Kapitel „VOM HÖ-REN").

Das Touch Research Institute (TRI) in Miami/USA erforscht seit Jahren, wie wichtig Berührungen für den Menschen sind: Frühgeborene entwickeln sich schneller, wenn sie massiert werden, Alzheimer-Patienten verbessern ihr Gedächtnis und HIV-Patienten ihr Immunsystem. Über die Berührung eines anderen Menschen erkennt der Mensch sich selbst.

Wir hatten schon Seelsorgegespräche, die zu 50 % daraus bestanden, den Hilfesuchenden im Arm zu halten, ihn weinen oder einfach nur ausruhen zu lassen. Wie in Abrahams Schoß, oder, besser noch, auf dem Schoß des Vaters. Der Paartherapeut Wolfgang Schmidbauer sagt: „Viele Menschen sind innerlich so verkümmert, die glauben: Wer mich so tief berührt, der muss mich einfach lieben."

Wichtig ist hier, nicht nur menschliche Wärme rüberzubringen, sondern das zu tun, was der Heilige Geist anweist. Vielleicht ist jetzt dran, die Hilfesuchenden wie ein Kind zu lieben. Ihnen das zu sagen, was sein Abba ihm sagen will. Ihn in den Arm zu nehmen wie ein Baby.
Oder er will sich nur ausweinen können über das, was ihm angetan wurde.

Oder auch im Arm (!) seine Wut herausschleudern.
Oder gegen die Brust des Seelsorgers trommeln zu dürfen.

Und danach trotzdem durch Handauflegung einen Segen erfahren.
Oder eine Umarmung (wie eine Bestätigung „Es ist gut von Gott her.") vor dem Auseinandergehen.

Wichtig ist, dass wir den Hilfesuchenden nicht auf uns ausrichten, sondern auf das, was Jesus und der Vater für ihn bereit haben. Von uns Menschen wird er irgendwann enttäuscht sein.

Beispiel:

Das Familiengeheimnis

    Marga kam zu uns, weil sie unter der Nichtbeachtung durch ihren Vater litt. Sie erzählte von seinen Geburtstagen. Sie hatte ein Geschenk für ihn, konnte es aber aus Angst vor Ablehnung erst am Abend übergeben. „Das brauche ich jetzt auch nicht mehr", war die schroffe Antwort.
Es kamen noch weitere schmerzhafte Geschichten zutage. Trotzdem hatten wir nicht den Eindruck, dass an dieser Stelle das Problem lag.

Ein abermaliges Hinhören auf den Heiligen Geist ergab das Bild eines zugekniffenen Mundes, also erzwungenes Schweigen.

Da brach sich die ganze schreckliche Familiengeschichte Bahn. Selbstmord und Drohungen mit Selbstmord, sowie dem erzwungenen Schweigen darüber. Der Vater erzählte der einen Tochter etwas, was die Mutter nicht wissen durfte, denn das würde sie bei ihrer schwachen Gesundheit umbringen. Und umgekehrt durfte der Vater bestimmte Dinge der Mutter nicht wissen. So hatte jedes der fünf Geschwister mit jedem Familienmitglied irgendwelche Geheimnisse, die natürlich nicht versehentlich ausgeplaudert werden durften.

Als Marga sich an Aussagen der Großmutter erinnerte, stellte sich heraus, dass das Familiengeheimnis des Schweigens schon mehrere Generationen andauerte. Das Ergebnis bei Marga war, dass sie niemandem vertraute, da sie nie wusste, ob ihr nicht etwas verheimlicht wurde.

Bevor sie vergeben konnte, musste sie noch ihrer Wut Luft machen. In Heinrichs Armen hat sie gegen seine Brust getrommelt und ihre Anklagen herausgeschrien.
Wir haben schließlich die gesamte Situation als Schuld vor Jesus bekannt. Wir haben Marga anstelle ihres Vaters und ihrer Mutter um Verzeihung gebeten und die Bindungen von Generationen aufgelöst. Wir haben sie schließlich mit neuem Vertrauen gesegnet. Und wir haben das Joch der Verantwortung für die Mutter von ihren Schultern genommen, um ihr das leichte Joch Jesu aufzulegen. Wenn jetzt jemand versucht, ihr ein neues Joch (d. h., eine neue Verantwortung) aufzubürden, sagt sie, dass sie bereits ein Joch trägt: das leichte und liebevolle Joch Jesu.

**Lösen und lossagen, befreien,
Last abnehmen.**

Darunter verstehen wir
- Lösen und losmachen von Bindungen
- Flüche für unwirksam erklären
- Abschneiden von Abhängigkeiten
- Abnehmen von Lasten, die den Menschen von anderen Menschen oder sich selbst aufgeladen wurden und die sie nicht zu tragen haben.

Der Heilige Geist zeigt während des Hörens auf ihn, was im einzelnen Fall vorliegt. Was wir dann tun, geschieht aktiv:
„Ich löse Dich im Namen und im Auftrag unseres gemeinsamen Herrn Jesus von der Schuld Deiner Vorväter (z. B. Nazi-Vergangenheit)."
„Ich erkläre die Festlegungen, die deine Eltern, dein Lehrer, ... über dir ausgesprochen haben, für unwirksam."
„Ich nehme dir jetzt die Last ab, die dir Menschen zu Unrecht aufgeladen haben/ die du dir selbst aufgeladen hast."

Biblische Belegstellen

Freilassen, frei machen:
Psalm 102, 20 + 21
„Denn der HERR hat herniedergeblickt von der Höhe seines Heiligtums, er hat herabgeschaut vom Himmel auf die Erde, um zu hören das Seufzen des Gefangenen, um zu lösen die Kinder des Todes"

Psalm 116,16
„Gelöst hast du meine Fesseln!"

Psalm 146

V 5: „Glücklich der, dessen Hilfe der Gott Jakobs ist, dessen Hoffnung auf dem HERRN, seinem Gott, steht."

V7: „Er schafft Recht den Bedrückten, er gibt den Hungrigen Brot. Der HERR macht die Gefangenen frei."

V9: „Der HERR behütet die Fremdlinge, Waisen und Witwen hilft er auf." (diejenigen, ohne Mann und Eltern, selbst wenn diese noch leben)

Jesaja 58, 6

„Ist nicht vielmehr das ein Fasten, an dem ich Gefallen habe: Ungerechte Fesseln zu lösen, die Knoten des Joches zu öffnen, gewalttätig Behandelte als Freie zu entlassen und dass ihr jedes Joch zerbrecht?"

Jeremia 40, 4

„Und nun siehe, ich löse dich heute von den Ketten, die an deinen Händen sind."

Lösen

Jesaja 52,2+3

„Mach dich los von den Fesseln deines Halses, du gefangene Tochter Zion!

Denn so spricht der HERR: Umsonst seid ihr verkauft worden, und nicht für Geld sollt ihr gelöst werden."

Jesaja 61,1-2

„Der Geist des Herrn, HERRN, ist auf mir; denn der HERR hat mich gesalbt. Er hat mich gesandt, den Elenden frohe Botschaft zu bringen, zu verbinden, die gebrochenen Herzens sind, Freilassung auszurufen den Gefangenen und Öffnung des Kerkers den Gebundenen, auszurufen das Gnadenjahr des HERRN,..."

Matth 18,18

„Ich sage euch: Alles, was ihr auf der Erde binden werdet, wird im Himmel gebunden sein, und alles, was ihr auf der Erde lösen werdet, wird im Himmel gelöst sein."

Markus 7,35

„Im selben Augenblick öffneten sich seine Ohren, seine Zunge war gelöst, und er konnte normal reden."

Lukas 13,

V11: „Unter den Zuhörern war eine Frau, die seit achtzehn Jahren unter einem bösen Geist zu leiden hatte, der sie mit einer Krankheit plagte. Sie war verkrümmt und völlig unfähig, sich aufzurichten."

V12: „Jesus bemerkte sie und rief sie zu sich. »Liebe Frau«, sagte er, »du bist frei von deinem Leiden!"

V16: „Und diese Frau hier, die der Satan volle achtzehn Jahre lang gebunden hielt und die doch eine Tochter Abrahams ist – die sollte man am Sabbat nicht von ihren Fesseln befreien dürfen?"

Galater 3,13

„Christus nun hat uns vom Fluch des Gesetzes losgekauft, indem er an unserer Stelle den Fluch getragen hat."

Lukas 11, 14-22

„Solange der Starke das Schloss bewacht, ist sein Besitztum in Sicherheit. Wenn aber ein Stärkerer ihn überfällt, so nimmt er ihm die Waffenrüstung und teilt die Beute aus."

Matth 12, 22-27 (Auch Markus 3, 22ff)

Ein Besessener wird geheilt und die Pharisäer sagen: Jesus macht das im Bund mit dem Obersten der bösen Geister.

V28 „Wenn ich die Dämonen nun aber mit der Hilfe von Gottes Geist austreibe, dann ist doch das Reich Gottes zu euch gekommen."

V29: „Oder wie kann jemand in das Haus eines Starken eindringen und ihm seinen Besitz rauben, wenn er den Starken nicht vorher fesselt? Dann allerdings kann er sein Haus ausrauben."

Von Lasten befreien

Psalm 55,23
„Wirf auf den Herrn deine Last."

Psalm 81,6b-7
Eine Sprache höre ich, die ich bisher nicht kannte:
Ich habe von der Last befreit seine Schulter, seine Hände lösten sich vom Tragkorb.

Jesaja 9,1-3
V1 Das Volk, das in der Finsternis wandelt, wird ein großes Licht erblicken…
V2 Du wirst des Jubels viel schaffen ...
V3 „Denn das Joch ihrer Last, den Stab auf Ihrer Schulter den Stock ihres Treibers zerbrichst du wie am Tag Midians." (Richter 7)

Jesaja 22,25
An jenem Tag, spricht der HERR der Heerscharen, wird der Pflock weichen, der an einem festen Ort eingeschlagen war, und er wird abgehauen werden und fallen, und die Last, die er trug, wird beseitigt werden.

Matth 11,30
„Denn mein Joch drückt nicht, und meine Last ist leicht."

Freiheit, Heilung

Lukas 4,18   (Zitat aus Jes 61,1+2 und 58,6)
„Der Geist des Herrn ruht auf mir, denn der Herr hat mich

gesalbt. Er hat mich gesandt mit dem Auftrag, den Armen gute Botschaft zu bringen, den Gefangenen zu verkünden, dass sie frei sein sollen, und den Blinden, dass sie sehen werden, den Unterdrückten die Freiheit zu bringen."

Matth 10,1
„Dann rief Jesus seine zwölf Jünger zu sich und gab ihnen Vollmacht, böse Geister auszutreiben und alle Kranken und Leidenden zu heilen."

Dämonen austreiben
Einige Stellen im NT:

Mark 16,17 „In meinem Namen werden sie Dämonen austreiben,..."

Mark 3,14 + 15 „Er (Jesus) wollte sie aussenden, damit sie seine Botschaft verkündeten
und in seiner Vollmacht die Dämonen austrieben."

Mark 6,13 Sie (die ausgesandten Jünger) trieben viele Dämonen aus und salbten viele Kranke mit Öl und heilten sie.

Befreiung
Hebr. 2,15
„... und (Jesus) konnte die, deren ganzes Leben von der Angst vor dem Tod beherrscht war, aus ihrer Sklaverei befreien."

Psalm 18
V20: „Und er führte mich heraus ins Weite, er befreite mich, weil er Gefallen an mir hatte."
V49: „Du erhöhtest mich über die, die gegen mich aufstanden; von dem Mann der Gewalttat hast du mich befreit."
(Missbrauch)

Jer 15,21
Und ich werde dich aus der Hand der Bösen befreien und
dich aus der Faust der Gewalttätigen erlösen.

Angst
3. Mose 26,36
Auch hier kann Schuld die Ursache sein.

Am Ende der Lossagungen
Abschneiden von allen Bindungen und den Heiligen Geist
bitten, dass er die Schnittstellen, die jetzt offen liegen,
versiegelt. Siehe auch den Punkt SALBEN in diesem Kapitel.

Ein wichtiger Punkt noch bei Moslems, die sich für Jesus
entschieden haben:

- Lossagen vom RAMADAN (beinhaltet das Fasten und
  das anschließende Blutopfer, mit dem man sich bindet)
- Lossagen vom Gebet FATIHA, in dem ein Schwur auf
  Mohammed und seine Helfer gesprochen wird.
- Brechen der Aussprüche, die während der Schwangerschaft und sofort nach der Geburt über speziell den
  männlichen Kindern ausgesprochen werden. Auch die
  Mädchen sind davon zu lösen.

Beispiel dazu:

Angst im Haus

Für Sonja stand aufgrund des Stellenwechsels ihres Mannes ein Umzug mit ihren drei Kindern in eine andere Stadt an. Dort hatte die Familie bereits ein Haus angemietet. Sonja hat nun panische Angst, dass in dieses Haus eingebrochen würde.

Wir baten den Heiligen Geist um Weisung. Hildegard erhielt die Frage: Gibt es Situationen in Deinem Leben, in denen die Tür Deines Herzens aufging und die Angst eingetreten ist?

Der Heilige Geist erinnerte Sonja daraufhin an zwei Begebenheiten aus der Vergangenheit:

Einmal wurde sie während ihres Studiums nachts verfolgt und konnte gerade noch die Haustür schließen, bevor die Hand des Mannes den Türgriff erreichte. Heinrich bat sie und Jesus stellvertretend für den Mann um Vergebung. Sonja konnte diesem Verfolger schließlich vergeben und Freude stand auf ihrem Gesicht.

Die zweite Begebenheit passierte, als Sonja in einer Wohngemeinschaft wohnte und nachts alle Bewohnerinnen durch das laute Schreien um Hilfe einer Frau auf der Straße aus dem Schlaf gerissen wurden. Sie liefen zusammen, hatten große Angst und baten den Freund einer der Mitbewohnerinnen, nach draußen zu gehen um zu sehen, was passiert war. Die Sache hatte sich jedoch bereits erledigt.

Der Heilige Geist zeigte uns, dass in diesem Schockmoment ein Geist der Angst Zutritt zu Sonja erhielt. Wir haben ihn im Namen Jesu an den Platz verwiesen, den Jesus für ihn bereithielt. Erneute Erleichterung.

Schließlich fiel Sonja noch eine Begebenheit mit einem ihrer ehemaligen Freunde ein, sie war damals sehr unsicher, ob er bei der Beendigung der Freundschaft nicht gewalttätig werden würde – was allerdings nicht geschah. Hier dankten wir für die Bewahrung.

Schließlich kam als Ursache ihrer Angst die Angst ihrer Mutter zum Vorschein. Ein Verwandter hatte einen Schlüssel zu dem Haus, in dem sie wohnten, und er erhob Anspruch auf dieses Erbe. So fühlte sich Sonja in der Wohnung ihrer Kindheit und Jugend immer unsicher.

Wir lösten Sonja von der Angst ihrer Mutter und ersetzten sie durch die Liebe Jesu zu ihr.

Endlich verschwand die Angst.

Salben mit Öl

Wenn der Heilige Geist in gravierender Weise an einem Menschen gehandelt hat, dann kann man ihn am Ende der Seelsorge salben.

Dies kann so aussehen:
Mit (wohlriechendem) Öl salben, z. B. spezielles Salböl aus Israel oder einfaches Olivenöl (antiallergen) oder Mischung aus Jojoba-Öl mit kleinem Anteil Rosenöl.

Man kann drei Kreuze auf die Stirn zeichnen und folgendes aussprechen: „Ich versiegle jetzt das, was geschehen ist, im Namen des Vaters (1. Kreuz mit Öl zeichnen), im Namen des Sohnes (2. Kreuz) und im Namen des Heiligen Geistes (3. Kreuz). Niemand darf mehr daran rühren in Zeit in Ewigkeit. Amen."

Der Seelsorger kann auch in jede Hand ein Kreuz zeichnen und sagen: „Ich salbe nun diese Hände zum ... (je nachdem, was der Heilige Geist eingibt)."

Dasselbe gilt auch für die Füße: „ Ich salbe diese Füße, dass sie nun den neuen Weg gehen, den der Heilige Geist gezeigt hat."

Biblische Grundlage dazu ist zuallererst Jak 5,14, insbesondere nach einem Sündenbekenntnis.

Im AT ist Salben sehr oft ein Zeichen der Bestimmung zum König[79], und wir sind ja auch Königskinder.

---

[79] 1. Sam 9,16;2.Sam 2,4; 1. Kö 1,39; 2.Kö 23,30

Weiter wird Salben mit Öl bei der Weihe zum Priester[80] vorgenommen, die wir ja im NT-Sinne sind.
Dann kann man Menschen auch bei Schwachheit[81], zur Reinigung[82], Krankenheilung[83] und für bestimmte Aufgaben[84] salben.

---

[80] 2.Mos 28,41; 3.Mose 8,12

[81] 2.Chr. 28,15

[82] Hes 16,9

[83] Mark 6,13; Offb 3,18 im übertragenen Sinne

[84] Matt 26,7; Luk 7,38; Joh 12,3

In den Riss treten oder
das stellvertretende Schuldbekenntnis

Nach unserer Erfahrung ist das „In den Riss treten" oder das stellvertretende Schuldbekenntnis eine der wirksamsten Waffen, um die Festungen Satans zu zerstören. John Paul Jackson schreibt: Buße ist die stärkste Waffe, die uns im Kampf zur Verfügung steht[85]. Der Heilige Geist muss jedoch deutlich machen, wann, wo und wie es eingesetzt wird.

Definition

Der Seelsorger bittet einen Hilfesuchenden stellvertretend für die Mutter, den Vater, Stiefvater, Lehrer, Vorgesetzter, Peiniger ... um Vergebung für das, was diese ihm angetan haben. Es soll keine Erklärung formuliert werden, sondern ein Bekennen der begangenen Schuld. Danach folgt die Bitte um Vergebung und Bedauern über die Auswirkungen, die diese Schuld im Leben des Hilfesuchenden hatte. Der Heilige Geist hilft, die richtigen Formulierungen zu finden und oft gibt er zusätzliche Impulse, was noch zu sagen ist.

Es ist nötig, dass der Hilfesuchende zuvor seinem Peiniger gegenüber dessen Schuld deutlich benennt, also sagt, was ihm damals angetan wurde und was er empfunden hat. (siehe Kapitel Vergebung). Wenn einem da die Sprache wegbleibt, können vorgesprochene Worte helfen.

Wichtig: Es geht nicht um rationale Erklärungen (warum, wieso), sondern ausschließlich um das Benennen in einer Anklageschrift und Aussprechen der begangenen Schuld. Auch Verständnis für den Peiniger hat hier keinen Platz

---

[85] John Paul Jackson, Vermeidbare Verluste im geistlichen Kampf, Solingen 2008, Seiten 79 und 86

(„er konnte nicht anders, weil…"). Diese Versuche sind abzuweisen.

Oft ist es gut, den Hilfesuchenden eine solche Anklage-schrift in Ruhe formulieren zu lassen. Dann erst kann er sich von der an ihm begangenen Schuld trennen. Denn was ein Mensch nicht gelebt und nicht erlebt hat, woran er sich nicht erinnert und was nicht ans Licht kommt, das kann er auch nicht loslassen. Die betroffene Person muss lernen, Schuld beim Namen zu nennen. Ohne Anklage kann es weder ein Urteil noch einen Freispruch geben.

Nach unserer Erfahrung ist es sehr hilfreich, wenn zwei Seelsorger anwesend sind, im besten Fall ein Mann und eine Frau. Denn ein Seelsorger soll die Schuld eines Man-nes und eine Seelsorgerin die Schuld einer Frau vor der Person und vor Jesus bekennen. Im Anschluss wird durch den jeweils anderen Seelsorger die Vergebung im Auftrag und in der Vollmacht Jesu dem Peiniger zugesprochen und die Auswirkungen der Schuld für unwirksam erklärt. Das Urteil, ob der Peiniger die Vergebung seiner Schuld ver-dient hat, steht uns nicht zu. Denn auch unsere Schuld hat Jesus vergeben. Die Schwere der Schuld in unseren Augen spielt keine Rolle. Der Seelsorger bezeugt: Diese Schuld existiert nicht mehr.

Biblische Belege

1.   1. Mose 50, 15-17
     Die Brüder Josephs schicken Abordnung vor, die die
     Schuld der Brüder bekennt.

2.   2. Mose 32, 30-33
     Mose bittet stellvertretend für das Volk um Verge-

bung.

3. 3. Mose 16,20-22
   Sündenbock, dem die Schuld aufgeladen wurde, nachdem der Hohepriester sie stellvertretend für das Volk bekannt hatte.

4. 3. Mose 26,40 und Nehemia 9,2
   Ihre Schuld und die Schuld Ihrer Väter bekennen.

5. 4. Mos 14,19
   Mose bittet stellvertretend um Vergebung der Schuld Israels.

6. Neh 1,6
   Nehemia bekennt die Sünden Israels.

7. Dreimal Kapitel 9:
   Esra 9, Nehemia 9 und Daniel 9
   Esra bekennt stellvertretend die Schuld der Mischehen.
   In Nehemia 9,16 ff bekennen die in Vers 4 und 5 benannten Leviten die Schuld der Väter.
   Daniel 9,4-20: Daniels Gebet für sein Volk. Er bekennt stellvertretend die Sünden des Volkes und der Engel Gabriel kommt, um ihm zum richtigen Verständnis zu verhelfen (!)

8. 1. Samuel 25, 23-32
   Abigail nimmt die Schuld ihres Mannes Nabal auf sich.

9. Jer 14,20
   Bekennen der Schuld unserer Väter.

10. Hes 22,30
    Gott sucht Leute, die in den Riss (der Schuld) treten.

11. Jesus **trägt** stellvertretend für uns die Schuld, er hat
    sie nicht nur bekannt. Lukas 23,34

12. Römer 9,2+3
    „Der Gedanke an die Angehörigen meines Volkes, an
    meine Brüder, mit denen mich die gemeinsame Her-
    kunft verbindet, erfüllt mein Herz mit tiefer Traurig-
    keit. Ihretwegen bin ich in ständiger innerer Not; ich
    wäre sogar bereit, für sie ein Verfluchter zu sein,
    ausgestoßen aus der Gemeinschaft mit Christus."

13. Jak 5,16
    „Darum bekennt einander eure Sünden und betet
    füreinander, damit ihr geheilt werdet."

14. Joh 20, 19-23
    Diese Stelle möchten wir ausführlicher darstellen.
    Jesus ist zum ersten Mal bei fast allen seinen Jün-
    gern (Thomas fehlte) am Ostersonntagabend.
    „Friede euch."
    Das waren seine ersten Worte.
    Dann identifiziert er sich: Er zeigt ihnen seine durch-
    bohrten Hände und seine Seite. Und die Jünger freu-
    en sich.
    „Friede euch." Zum zweiten Mal.
    Das ist seine Absicht mit dem, was jetzt kommt,
    nämlich ein dreifacher Auftrag. Sein Friede für uns
    und für die, zu denen wir gehen.
    a. Die Begründung des Auftrags:
    „Wie der Vater mich ausgesandt hat, sende ich auch
    euch." Der Vater, wer da gemeint ist, wird in V17 er-
    läutert:

„Ich fahre auf zu **meinem Vater und eurem Vater**
und zu meinem Gott und eurem Gott!"
Der Auftrag selbst ist weiter vorne im Johannesevangelium erläutert[86]. Mit der gleichen Vollmacht,
wie mein Vater mich sendet, sende ich euch. Das ist
ein Auftrag, keine Verantwortung, die Jesus da aus-
spricht. (siehe auch Kapitel Vom Hören, Abschluss)
Wir sind Gesandte, der Auftraggeber, also Jesus und
der Vater haben die Verantwortung.
b. Der Begleiter zum Auftrag:
„Und als er dies gesagt hatte, hauchte er sie an und
spricht zu ihnen: Empfangt Heiligen Geist!"
Rienecker übersetzt aus dem Griechischen:
Hineinblasen.
Sofort ist die Stelle aus 1.Mose2, 7 vor Augen:
„Da bildete Gott, der HERR, den Menschen, aus
Staub vom Erdboden und hauchte in seine Nase
Atem des Lebens; so wurde der Mensch eine leben-
de Seele."
Es geht um etwas Lebendiges, eine lebendige Beziehung, kein Handeln nach dem Gesetz und Buchsta-
ben. Eine neue Gattung entsteht, nämlich Mensch
und Heiliger Geist zusammen. Das, was Jesus mit Ni-
kodemus besprach, eine neue Geburt, ein neuer
Mensch.
c. Die Entscheidungsbefugnis zur Vergebung der
Sünden:
„Wenn ihr jemandem die Sünden vergebt, dem sind
sie vergeben, wenn ihr sie jemandem behaltet, sind
sie ihm behalten."
Jesus sagt, das ist mein Auftrag an euch und ich habe
euch einen Berater mitgegeben, nein, in euch hin-
eingeblasen, auf den ihr hören sollt. Ich vertraue

---

[86] Joh 12, 49 + 50

114

euch, dass ihr das richtig macht.

Die Interlinearübersetzung[87] schreibt: „Wenn irgendwelchem ihr vergebt...", Menge übersetzt: „Wem immer ihr vergebt ...". Da sind keine Voraussetzungen genannt, außer dem Hören auf den Heiligen Geist. Kein gut formuliertes Schuldbekenntnis, keine tiefen Anzeichen von Reue, derjenige muss nicht mal vor uns stehen oder noch am Leben sein. Wem immer. Welche Möglichkeiten, endlich Frieden zu erreichen durch diese Vollmacht Jesu an uns. Wenn ihr das also tut (im griechischen im Konjunktiv), dann ist ihm vergeben. Das ist im Griechischen im Aorist[88] formuliert. **Wenn** ihr es tut, dann beginnt die Vergebung **jetzt** ihre Wirkung zu entfalten und dauert bis in die Ewigkeit. Wir denken und haben erfahren, dass das In-den-Riss-Treten oder das stellvertretende Schuldbekenntnis eine wunderbare Möglichkeit ist, diesem Auftrag Jesu nachzukommen. Jedoch es geht noch weiter:

„.. wenn ihr sie jemandem behaltet, sind sie ihm behalten."

Wörtlich heißt es in der Interlinearübersetzung: „Wem ihr sie festhaltet, dem sind sie festgehalten."

D.h., wenn wir sie jemanden NICHT vergeben, wenn **wir** uns zurückhalten, die vom Heiligen Geist geoffenbarte Schuld ans Kreuz zu bringen, dann behält der Schuldner seine Schuld! Obwohl der Erleidende

---

[87] Praktisch wortwörtliche Übersetzung aus dem Griechischen, ohne Rücksicht auf den deutschen Satzbau.
Das Neue Testament, Interlinearübersetzung von Ernst Dietzfelbinger, Hänsler-Verlag, 26. Auflage 1986
[88] Aorist. Eine Zeitform im Griechischen, die es im Deutschen nicht gibt. Sie bezeichnet die Vollendung, auch die einmalige Handlung oder das momentan Eintretende.

sie ihm vergeben hat.

Es ist unsere Entscheidung, dem Verursacher die Schuld im Namen Jesu zu vergeben. Sehen wir die Tragweite dieser Entscheidung?

Das können wir nur zusammen mit dem Heiligen Geist überhaupt ansehen, was Jesus uns hier anvertraut.

Ein Bild kann das verdeutlichen:

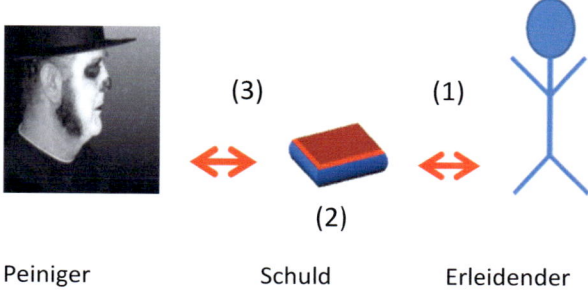

Peiniger   Schuld   Erleidender

Durch Vergebung trennt der Erleidende die Kette, die ihn an den Peiniger bindet, an dieser Stelle (1) auf.

Die Schuld (2) jedoch bleibt bestehen. Das stellvertretende Schuldbekenntnis durch den Seelsorger geht einen Schritt weiter und bittet Jesus nun auch um Vergebung der Schuld des Peinigers und schafft sie ans Kreuz.

Das stellvertretende Schuldbekenntnis setzt also an allen drei Stellen an: an der Vergebung durch den Erleidenden (1), an der Tat selbst (2) und bei der Schuld des Peinigers (3). Das bedeutet in den Riss treten. Auch wenn der Peiniger das nicht so sieht oder auch gar nicht mehr lebt. Nun kann niemand mehr den Peiniger vor Gott verklagen! Wie in Hiob 1,9-11 oder Offbg 12,10b. Da Jesus alle Schuld der Welt, die ich vor ihm, auch stellvertretend, bekannt habe, getragen hat, ist sie aus der Welt geschafft.

Das hat merk- und erfahrbare Auswirkungen in der unsichtbaren und in der sichtbaren Welt. Wir mögen das im ersten Augenblick als ungerecht empfinden. Die Schuld des Peinigers wird ausgelöscht! Niemand wird ihn mehr deshalb vor Gott verklagen dürfen.

Aber hat Jesus das nicht auch mit meiner Schuld gemacht? Ja, aber meine Schuld war nicht so groß! Kommt es darauf an, oder willst Du frei sein?

Uns ist am Text aus Hes 22,30 deutlich geworden, was das stellvertretende Schuldbekenntnis eigentlich ist: Ein in den Riss treten. Vor Gott für die Schuld in den Riss treten.

Es gibt dazu mehrere Stellen im AT:
2.Könige 12, 5ff
König Joas merkt, dass der Tempel (wir sind ein Tempel des Heiligen Geistes[89]) Risse hat, nimmt den Priestern die Aufgabe der Erhaltung weg, schafft eine eigene Einnahmequelle und stellt Leute an, die auf Treu und Glauben handeln.

Nehemia 6, 1ff
Nehemia ist mit dem Beseitigen der Risse in der Mauer im zerstörten Jerusalem beschäftigt, eine bedeutende Aufgabe, von der er unabkömmlich ist.

Jes 22,9
Schadhafte Stellen in der Mauer werden von Gott beklagt.

---

[89] 1. Kor 3,16 und 6,19

Jes 30, 12+13
Darum soll Euch diese Verschuldung wie ein sturzdrohender Riss sein. Schuld ist damit wie ein Riss in unserer „Glaubensmauer".

Jes 58,12
Ein Ehrenname ist: Vermaurer von Rissen.

Hes 13,5
„In die Risse seid ihr nicht getreten, und die Mauer habt ihr nicht vermauert um das Haus Israel her, um standzuhalten im Kampf am Tag des HERRN."

Hes 22,30
„Und ich suchte einen Mann unter ihnen, der die Mauer zumauern und vor mir für das Land in den Riss treten könnte, damit ich es nicht verheeren müsste; aber ich fand keinen."

Beispiel:

Der Doppelrucksack

Beim abendlichen Zusammensitzen auf einer Wochenend-
freizeit kam das Gespräch am Freitagabend auf Belastun-
gen und wie man sie loswerden kann. Kornelia erwähnte
kurz einen „doppelten Rucksack", das Gespräch nahm
dann jedoch eine andere Wendung.

Am Samstag „ergab" sich ein gemeinsamer Spaziergang
von Heinrich und Kornelia. Sie erzählte von ihrer geliebten,
gläubigen Großmutter und vom Missbrauch durch einen
Verwandten, zu dem die Geschwister tagsüber kamen,
damit die Mutter arbeiten gehen konnte. Und vom Vertu-
schen dieses Missbrauchs durch ihre Mutter. Und davon,
dass ihre Mutter sowohl den Glauben von Kornelia als
auch den ihrer eigenen Mutter strikt ablehnte.

Wir vereinbarten für den Abend ein Seelsorgegespräch mit
ihr und uns beiden. Sie erzählte voll Wut die Geschichte
von ihrem Verwandten, der ihre Geschwister fortschickte
um sich an ihr zu vergehen. Sie fühlte sich unglaublich
hilflos. Wir hatten vom Heiligen Geist den Eindruck, dass
Heinrich stellvertretend sie und Jesus um Vergebung und
Entschuldigung bitten sollte. Sie stimmte zu. Nachdem sie
ihren Schmerz und ihre Wut ihm ins Gesicht schleudern
durfte, war sie schließlich in der Lage, ihrem Verwandten
zu vergeben. Hildegard sprach ihm die Vergebung zu und
setzte Kornelia wieder in den Zustand der Unberührtheit
ein, den sie bei Gott nun wieder hatte.
„Puh, der erste Rucksack ist weg, der zweite ist noch grö-
ßer!" sagte sie nach dem abschließenden Segnen. Das war
uns unverständlich, wir verschoben ein zweites Seelsorgegespräch auf den Sonntag.

Der zweite Rucksack war, dass Kornelias Mutter vom Missbrauch wusste, jedoch den guten Schein nach außen wahren wollte und die Sache als „zu vergessen" bezeichnete. Das machte Kornelia absolut schutzlos, denn sie hatte nun niemanden, mit dem sie darüber reden konnte; ihre Großmutter war inzwischen gestorben.

Auch hier wies uns der Heilige Geist auf ein stellvertretendes Schuldbekenntnis hin. Diesmal hat Hildegard die Schuld stellvertretend für die Mutter bekannt und um Vergebung gebeten. Kornelia ließ ihre Wut und Verzweiflung laut werden, konnte aber nicht vergeben. Hildegard sagte: „Du kannst das nur in der Kraft des Heiligen Geistes tun". Wir beteten leise in Sprachen und bemerkten erst etwas später, dass Kornelia im Geist ruhte.

Nun sprach sie im Ruhen mit der Stimme eines kleinen Mädchens: „Jesus sagt: Ich kann deiner Mutter vergeben. Dann kann ich auch vergeben". Schließlich sagte sie mit ihrer normalen Stimme: „Es wird alles gut".

Sie kehrte dann aus dem Ruhen im Heiligen Geist zurück und fragte: „Was habe ich gesagt?" Wir erzählten es ihr. Dann berichtete sie: Sie sah Jesus zu ihr kommen. Sie konnte ihn beschreiben, er hatte ein langes, weißes, leuchtendes Gewand an. Er blickte sie freundlich an und sagte: „Ich kann Deiner Mutter vergeben, und ich habe ihr vergeben. Dann kannst du es auch." Nun war sie ebenfalls in der Lage, ihrer Mutter zu vergeben. Der zweite Rucksack war weg.

Für uns war das die bisher stärkste Bestätigung durch Jesus, dass das stellvertretende Schuldbekenntnis eine nicht zu erfassende Tragweite hat.

Kornelia sandte uns in der folgenden Zeit noch zwei E-Mails:

1. Wie es mir geht? So gut wie seit Sonntagabend ging es mir noch nie und ich kann Euch nur sagen, dass ich ein anderer Mensch bin. Selbst mein Mann hat nach ein paar Stunden gesagt, dass mit mir was passiert sein muss, denn ich wirke ausgeglichener und viel freundlicher als noch vor dem Wochenende. Und was das Gute ist, es hat noch nicht nachgelassen... und das soll es auch nicht. Meine Arbeitskolleginnen mache ich mit meiner inneren Ruhe fast „verrückt", wenn auch im positiven Sinne. Die eine Kollegin, die selbst viele Probleme hat, würde gern etwas von meinem Glück abhaben. Ich habe ihr gesagt, sie muss auf Gott vertrauen und beten, ich tue es auch. Nur bei manchen Problemen muss man sich eben Hilfe suchen, was sich nicht immer leicht bewerkstelligen lässt. Ich musste auch auf Gottes Wink warten...

2. Ich hatte letzte Woche einen tollen Traum, der mir nun noch mehr Ruhe gibt. Ich habe meine Oma gesehen, wie sie mir zuwinkt und mir sagt, endlich ist alles gut. Sie sagte, dass sie es die ganze Zeit gewusst hat, aber aus Rücksicht zu mir nicht darüber geredet hat. Doch ist sie froh, dass ich meine Liebe zum Vater immer behalten habe und mich auch habe taufen lassen. Auch wenn es meiner Mutter nie gepasst hat. Ich musste weinen und bat unseren Vater, ganz besonders auf sie aufzupassen. Und ich weiß, dass es ihr gut geht, da, wo sie jetzt ist.
Mein Mann ist im Moment mehr interessiert, was

Gott betrifft. Meine Erfahrung hat ihm vielleicht gezeigt, dass es da doch etwas gibt.

In die Vergangenheit zurückgehen

Zeit ist für Gott kein Thema, der Heilige Geist steht über Raum und Zeit.
Es gibt zwei Ansätze, in die Vergangenheit zurückzugehen bzw. Erlebnisse, die in der Vergangenheit liegen, aufzuarbeiten:

Manchmal weist uns der Heilige Geist an, nochmals in eine bestimmte Situation zurückzugehen, die der Suchende erlebt hat. Gemeinsam mit Jesus oder Gott dem Vater kann dann die Situation erneut erlebt werden, und der Heilige Geist zeigt etwas auf, was in dieser Situation passiert ist, was der Suchende jedoch nicht wusste, nicht mehr weiß oder nie erlebt bzw. gesehen hat.
Dieses Vorgehen löst ein erneutes Erleben der Situation aus. Das ist manchmal ein harter Kampf, manchmal aber auch erleichternd, in jedem Fall kommt aber endlich Frieden in das Erlebte. Danach kann ggfs. Vergebung erfolgen oder Lösen einer Bindung - je nachdem, was der Heilige Geist zeigt.
In der Traumapädagogik wird das wiederholte Erleben als Reprocessing bezeichnet, allerdings unter Leitung des Therapeuten und nicht des Heiligen Geistes.

Der andere Aspekt ist ungewöhnlich: Der Heilige Geist kann uns anweisen, in der Zeit zurückzugehen und dort in der Vergangenheit will er etwas ändern, eine Sache anders ablaufen lassen oder den Hilfesuchenden hören lassen, was damals passiert ist. Auch eine Revision eines verkehrten Handelns ist möglich. Das klingt im ersten Augenblick unmöglich, denn eigentlich kommt so etwas höchstens in Science-Fiction-Romanen oder in Filmen vor.

Aber warum sollte das dem Heiligen Geist unmöglich sein?

Beispiel:
Die unvergessene Ehefrau

Die Frau von Konrad war vor mehreren Jahren gestorben. Sie hinterließ ihm zwei Kinder. Schon während ihrer Krankheit sorgte sie für das Leben nach ihrem Tod: Eine Freundin von ihr sollte ihre Stelle einnehmen. Das besprach sie mit ihrem Mann und natürlich mit der Freundin, alle drei waren Christen.

Schließlich starb sie, und nach einer gewissen Zeit heirateten Konrad und die Freundin seiner verstorbenen Frau. Sie war den Kindern eine sehr gute Mutter und versuchte alles, um Konrad eine gute Ehefrau zu sein.
Doch die erste Frau stand irgendwie zwischen den beiden. War es falsch gewesen, diese Freundin zu heiraten? Oder war es ganz normal, dass Konrad seine erste Frau nicht vergessen konnte?

Während eines Seelsorgegesprächs fragten wir den Heiligen Geist, was zu tun sei. Es kam das Wort „Trauer", und wir fragten Konrad: „Trauerst Du noch um Deine erste Frau?"
„Eigentlich nicht, Lara ist seit unserer Heirat eine wunderbare Frau und Mutter für die Kinder. Ich habe mich schon von meiner ersten Frau verabschiedet. Zudem habe ich an einem Trauerseminar teilgenommen."
„Was ist dort geschehen?"
„Ich habe meine Frau durch eine Wüste getragen, bis wir an den Fluss Styx kamen. Dort habe ich sie dem Fährmann übergeben und mich verabschiedet. Er ist dann mit ihr ins Totenreich weggerudert."

Mir kam spontan der Gedanke: „Hätte das deine verstorbene Frau so gewollt?"
„Das weiß ich nicht, aber ich konnte mir in meiner Trauer nicht anders helfen."
„Ich denke, wir sollten sie zurückholen und in die Arme des Vaters legen."
„Geht das denn?"
Natürlich geht das. Insbesondere, wenn der Heilige Geist das will.

Also sind er und ich im Gebet losmarschiert, durch die unwirtlichen Gegenden hindurch, bis wir an den Fluss Styx kamen. Der Fährmann war sehr erstaunt, denn wir hatten ja keinen Toten dabei. Wir haben dann verlangt, dass er die Frau wieder rausrückt. Nach einigem Hin und Her, verbunden mit Befehlen im Namen Jesu, war der Fährmann schließlich bereit und brachte sie zurück. Konrad hat sie dann den ganzen Weg zurückgetragen, schließlich in die Arme des Vaters gelegt und gesagt: „Da ist Dein Platz". Danach kam Friede in Konrads Herz und er hat gespürt, dass dies der einzig richtige Platz für seine verstorbene Frau ist.

Begebenheiten

n diesem Kapitel berichten wir von weiteren Begebenheiten und Beispielen, die wir erlebt haben. Sie sind
unter dem Aspekt der Breite und der Vielfalt des Wir-
kens des Heiligen Geistes zu lesen.

Wir haben daran keinen Verdienst, sondern freuen uns,
dass Gott auf so unterschiedliche und vielfältige Art und
Weise hilft.

Und dass er hilft, weil er nicht anders kann. Er liebt seine
Kinder und handelt an ihnen.

Benjamin

Maria war schon Ende 30 und unverheiratet. Sie hatte jedoch seit vielen Jahren von Gott die Zusage, dass sie einen Sohn namens Benjamin haben werde.

Schließlich fand sie übers Internet einen Partner, der geschieden war. Sie heirateten. Nach der Heirat war sie nun voller Vorfreude auf den versprochenen Sohn. Leider hatte sie mehrere Fehlgeburten. Schon ganz verzweifelt kamen sie und ihr Mann zu uns.

Der Heilige Geist zeigte als erstes, dass die Schuld des Mannes an der Scheidung bekannt und vergeben werden sollte. Das geschah.

Nun hielten wir Gott den Kinderwunsch hin. Irgendetwas stimmte nicht. Der Heilige Geist legte uns schließlich die Frage nach Festlegungen nahe. „Mein Bauch ist ein Kindergrab" brach es schließlich aus Maria heraus. Die vielen Fehlgeburten hatten sie trotz der Zusage Gottes mürbe gemacht.

Wir sprachen dann Gottes Wahrheit über Maria aus: „Das ist eine Lüge von Satan, dem falschen Vater. Dein Bauch ist ein Ort, aus dem Gott ein Kind hervorbringen wird. Wir weisen diese Festlegung weg und erklären deinen Bauch zu einer Brutstätte für Gottes Kind."

Ein Jahr später wurde Benjamin geboren.

Der Baum im Garten des Vaters

Elsbeth hatte große Probleme, sich selbst anzunehmen und kam während des Segnungsteils auf einer Tagung zu uns. Ihr Äußeres war nicht gerade attraktiv, von Zuhause war sie abgelehnt worden, weil sie die letzte in der Geschwisterreihe war und daher nicht erwünscht. Zudem war sie ein Mädchen, der Vater wollte Jungs.

Wir fragten den Heiligen Geist, was zu tun sei.
„Legt sie in die Arme des Vaters." War alles, was wir hörten. So beteten wir für sie und entließen sie in die Nacht.

Am nächsten Morgen kam sie völlig verändert und mit Freude im Gesicht:
„Stellt euch vor, was ich heute Nacht geträumt habe. Abba kam und ist mit mir an seiner Hand mein ganzes Leben zurückgegangen, durch all die Verletzungen in Jugend, Kindheit, Babyalter. Dann zurück in die Gebärmutter, in die Schwangerschaft bis zurück zur Empfängnis.

Dann sagte Er: Als Du gezeugt wurdest, habe ich einen Baum in meinem Garten gepflanzt, nur für Dich und mich, für uns beide. Immer, wenn Du willst, oder es Dir nicht gut geht, kannst Du kommen, dann setzen wir uns zusammen unter den Baum und reden miteinander. Und ich zeige Dir meine Liebe."

Der große Fisch oder eine andere Jona-Geschichte

Wir waren zu Besuch bei einer guten Bekannten, Helga, und erzählten ihr am Abend davon, was wir mit Hörender Seelsorge erleben. Das führte dazu, dass sie anfing, aus ihrem Leben das zu erzählen, was ihr auf der Seele lag.

Ihre Großmutter, ihre Tante und deren 2-jährige Tochter haben sich am Ende des Zweiten Weltkrieges aus Angst vor den näher rückenden Russen die Pulsadern aufgeschnitten. Die Älteren haben überlebt, die Kleine starb.

Wir haben dann stellvertretend um Vergebung gebeten und die Familienschuld von Helga weggenommen. Danach haben wir mit Worten das kleine Mädchen in den Schoß des Vaters gelegt.

Danach konnte Helga von einer weiteren Belastung in ihrem Leben erzählen: Ihr Mann hatte sie mit einer anderen Frau betrogen, daraufhin wurde ein Stellenwechsel bei der gleichen Firma ins Ausland eingeleitet. Sie konnte sich nicht erinnern, ob ihr Mann sie je um Vergebung gebeten hatte.
Heinrich hat stellvertretend für den Ehemann Jesus und Helga um Vergebung gebeten und Hildegard tat das ebenfalls stellvertretend für die Geliebte des Mannes. Als das geschehen war, berichtete Helga, dass sie während dieser Zeit einen Selbstmordversuch unternommen hatte. Diese Schuld hat sie bekannt und wurde ihr von Jesus vergeben.

In der Nacht hatte Helga einen Traum. Dazu eine Vorbemerkung: In der Realität hatte ein Freund des Ehepaares ihnen zum Abschied eine Tonplastik mit einem Walfisch geschenkt, in dessen Bauch alle vier Familienmitglieder abgebildet waren.

Im Traum sah Helga eine geöffnete Balkontüre, und ein Mann stand am Balkongeländer. Er ging vom Balkon in das Haus hinein, holte besagte Walfischplastik, kehrte zum Balkon zurück und kletterte über das Geländer hinaus und verschwand. Hier erwachte Helga. Sie wusste, dass Jesus ihr mit diesem Traum eine wesentliche Nachricht gab: Ein Engel war gekommen (oder Jesus selbst) und hatte alle Schuld und alle Verletzungen, die mit den geschilderten Geschehnissen zu tun hatten, aus ihrem Leben mitgenommen.

Sie war frei. Alles war gut.

Das Familiengeheimnis II

Marie kam nach dem Gottesdienst in der Segnungszeit zu uns. Wir hatten schon öfter für sie gebetet und gehört. Sie fühlte sich angegriffen auf dem Balkon Ihrer Eigentumswohnung, die in der Nähe einer Moschee liegt. Was sie aber noch mehr bedrückte an diesem Abend, war das Familiengeheimnis. Sie hatte auf Umwegen davon erfahren, denn ihre Eltern redeten darüber nie. Jesus hatte ihr deutlich gemacht, dass sie dazu nicht mehr schweigen darf und sie hatte das auch ihrer Mutter bereits gesagt.

Schließlich verriet sie das Geheimnis: Ein Bruder mitten in der Reihe der Geschwister ist nur ein Halbbruder. Dieser Bruder weiß es nicht, ist jedoch drogenabhängig geworden, weil er intuitiv seinen Vater sucht. Der Vater von Marie, mittlerweile 80 Jahre alt, schweigt auch dazu.
Der Heilige Geist wies uns an, zuerst die Last der Verantwortung für das Bewahren des Familiengeheimnisses von Maries Schultern zu nehmen. Sie schluchzte und atmete auf.
Dann hat Hildegard stellvertretend für die Mutter die Schuld bekannt, einerseits den Ehebruch und andererseits das Schweigegebot und Heinrich hat der Mutter von Marie im Auftrag von Jesus vergeben. Dann hat Heinrich die Scham des Vaters bekannt und sein Unvermögen zu reden. Wir haben Jesus bestürmt, dass der Vater von Marie das Geheimnis nicht mit ins Grab nehmen muss. Ihm wurde dann von Hildegard im Namen Jesu die Schuld vergeben. Dann haben wir alle noch den Bruder stellvertretend um Vergebung gebeten und ihn dem Heiligen Geist anvertraut.

Erleichert und voller Freude verabschiedete sie sich.

Das Ganze dauerte nach dem Gottesdienst ca. 15 Minuten.

Der Gürtel

Mechthild kam zum Gespräch, weil sie eine innere Unruhe verspürte und den Zwang, immer gut sein zu müssen. Zudem hatte sie eine überreiche Kommunikationskiste (500 Emails binnen 2 Monaten). Dazu kamen Gewissensbisse aufgrund der Heirat mit einem geschiedenen Mann, mit Erich.

Zuerst verlief das Gespräch nur mit Hildegard. Als ihr der Heilige Geist deutlich gemacht hatte, dass ein religiöser Geist vorliegt, holte sie mich dazu.

Wir fragten den Heiligen Geist, was zu tun sei.
Als erstes nahmen wir im Namen Jesu die Verantwortung ab, die ihr durch die Mutter für ihre psychisch kranke Schwester auferlegt worden war. Und auch die Verantwortung, die sie sich selbst für ihre kranke Mutter auferlegt hatte.

Heinrich hatte dann den Eindruck, die in der Vergangenheit liegende gescheiterte Ehe ihres Mannes vor Gott stellvertretend zu bekennen. Wir taten das dann für die ehemalige Ehefrau und Erich. Heinrich hatte dann den Impuls, die gescheiterte Ehe auch zu trennen. Danach konnten wir die neue Ehe segnen.

Hildegard hatte das Bild eines Flusslaufs mit einer dunklen Strömung im Boden, die changierend in allen Farben nach oben kam. Das war also der religiöse Geist. Was aber war sein Anrecht an Mechthild? Sie selber sagte in einem Nebensatz, dass sie sich durch Leistung Lebensrecht verschaffen wollte. Das war die Lüge und nun konnte der Geist verwiesen werden. Das wurde einerseits durch Husten von Mechthild bestätigt und andererseits dadurch, dass Heinrich wieder einmal den verbrannten Geruch in der Nase hatte.

Zudem wurde es vom Heiligen Geist bestätigt durch ein weiteres Bild, das Hildegard hatte. Nämlich einen Gürtel, den Mechthild um die Taille gebunden hatte und an dem lauter schwere Säcke hingen, die einer nach dem anderen bis auf einen von Jesus abgemacht wurden. Als der Geist hinausgeworfen wurde, war auch der letzte Sack weg.

Jetzt kann sie frei gehen und in ihre neue Ehe hineinwachsen.

Schütteln und Zupacken

Rüdiger und seine Frau waren zu einem Gespräch bei uns. Sein erstes Lebensjahr war nach Erzählungen seiner Mutter von vielen Krankheiten und Krankenhausaufenthalten geprägt. Er war 8-Monatskind und seine Mutter konnte ihn nicht stillen wegen einer Krankheit. Von der verabreichten Babymilch bekam er eine Ernährungsstörung und musste nach 2 Tagen zu Hause wieder ins Krankenhaus. Die Mutter durfte Rüdiger nur durch die Scheibe sehen und nicht berühren.
Dazu die Aussage eines jungen Arztes: „Der wird`s im Leben immer schwer haben!"

Sein Großvater, bei dem er als kleiner Junge zu Besuch war sagte: „Der wird das Sprechen nie lernen!" Tatsächlich begann Rüdiger erst mit 3 Jahren zu sprechen. Er musste in diesem Alter auch zur Kur. Er hatte Heimweh und wollte nach Hause. Die Ärztin erlaubte es nicht.

Wir fragten den Heiligen Geist um Weisung. Heinrich bat Rüdiger dann stellvertretend für den jungen Arzt und für seinen Opa um Vergebung. Rüdiger gewährte sie mit einiger Mühe. Praktisch sofort danach, noch während Heinrich seine Hände hielt, begann er im Geiste zu ruhen. Er umfasste Heinrichs Hände und drückte sie sehr fest, während sich sein ganzer Körper immer wieder schüttelte. Dann kam eine Ruhephase und danach beide Phasen nochmals. Eindruck von Rüdiger danach: Der ganze Himmel weint mit, weil wir nicht fest zupacken!

Eindruck seiner Frau: Der Himmel weint mit wegen der schrecklichen Dinge, die Rüdiger passiert sind. Es wurde neues Leben gegeben. Sie hatte zwei Lieder währenddes-

sen: „Komm, atmet auf, ihr sollt leben" und ein Wiegen-
lied: „Schlaf, Kindchen schlaf"

Hildegard hatte das Bild: Rüdiger war im Thronsaal in den
Armen des Vaters. Jesus und der Heilige Geist waren um
ihn herum und der Heilige Geist hauchte durch den ganzen
Körper hindurch. Er hauchte in jede Körper- und Nerven-
zelle Kraft und Liebe seines himmlischen Vaters, der ihn
gewollt und bewahrt hatte. Das, was heute früh passiert
ist, macht den Weg frei, damit er in seine Berufung
kommt!

Der große Saal

Gerda hatte selbst den Eindruck, im Leben nicht weiterzukommen und irgendwo hängen geblieben zu sein.

Beim Hören auf den Heiligen Geist entstand ein sehr konkretes Bild von einem dunkel getäfelten großen Saal, und ringsum an den Wänden hingen Ahnenbilder. In der Mitte des Saales stand ein langer Konferenztisch mit unbequemen, hohen Stühlen. Im vorderen Teil des Saales waren zwei große Terrassentüren, die in einen in Sonnenlicht getauchten, riesigen, mit Rosenbüschen übersäten Garten hinausführten. Im Saal waren Leute, die aber keinen Blick für den Garten hatten, sondern sich nur nach dem Inneren des Saales orientierten.

Als der Seelsorger von dem Bild erzählte, war Gerda wie vom Donner gerührt und sagte: „Dieser dunkle Saal existiert tatsächlich, genauso wie beschrieben. Dort findet einmal im Jahr ein Treffen meiner Großfamilie statt. Alle kommen und blicken auf die glorreiche Vergangenheit."

Heinrich: „Dann geh doch nach draußen."
Gerda: „Das geht nicht, die Menschen hindern mich daran, weil ich doch dazu gehöre."
Hildegard: „Willst Du dich von diesen Bindungen lösen? Du gehörst als Prinzessin des himmlischen Königs in den Garten und nicht in den dunklen Saal."
Gerda hat sich dann von all den Bindungen der Vorfahren, dem Standesdünkel und dem Stolz losgesagt. Der Heilige Geist hat dann noch Details in ihr Gedächtnis gerufen, die ihr nicht mehr bewusst waren. Einige der Leute wollten sie daran hindern, hinaus in den sonnigen Garten zu gehen. Im Namen Jesu mussten sie aber Platz machen und Gerda hinausgehen lassen.

Endlich war Befreiung da. Die kleine Prinzessin Gerda tollte durch den Garten ihres himmlischen Vaters.

Der Schmerz des Vaters

Theresa kam nach einer Predigt von Heinrich über
Joh 17, das „IN-uns sein Wollen von Jesu und dem Vater",
zum Segnen. Sie gehörte erst seit kurzem zu Jesus, war
geschieden und hat zwei Kinder unter 8 Jahren.

Sie litt sehr darunter und weinte, weil ihre Kinder in den
Ferienwochen bei ihrem Vater waren, obwohl sie jetzt
endlich Zeit für sich hatte und auch Dinge tun konnte, die
ihr sonst nicht möglich waren.

Hildegard und ich hatten beim Beten und Ansehen des
Vaters denselben Eindruck, was bei uns sehr selten vor-
kommt: Der Vater Jesu will sie ein wenig in sein Herz sehen
lassen, wie sehr er um seine Kinder trauert und über die
weint, die nicht bei ihm sind.
Im Schmerz um ihre Kinder empfindet sie Mitleid mit Ihm.
Gott aber ist in ihrem Herzen und trägt ihren Schmerz mit.

Ihre Antwort: „Das ist ja wunderschön, dass der Vater in
mir ist, wie es in der Predigt gesagt wurde." Und ging ge-
tröstet weg.

Der weiße Elefant

Werner kam mit einer eigenartigen Bedrückung zum Gespräch. Er sagte: „Ich kann einfach nicht mehr. Weder im Beruf noch in der Familie oder Ehe. Ich bin am Ende meiner Kraft, und ich habe starke Rückenschmerzen." Warum konnte er nicht sagen.

Während des Hinhörens auf den Heiligen Geist kam das Bild eines weißen Elefanten. Keiner der Seelsorger konnte damit etwas anfangen.

Nur Werner wusste sofort, was das zu bedeuten hatte: Ein weißer Elefant ist das Geschenk eines Maharadschas für seinen ärgsten Feind. Warum? Nun, die Verantwortung, Pflege und die Aufzucht eines weißen (Albino-)Elefanten, der kaum überlebensfähig ist, erfordert die gesamten Kräfte des Pflegers und übersteigt nicht selten die finanziellen und körperlichen Möglichkeiten des Beschenkten. Stirbt das Tier jedoch, ist dem Beschenkten der Zorn des Maharadschas sicher.

„Werner, wer hat Dir die Verantwortung für einen weißen Elefanten gegeben? Was war es, was Du nicht leisten konntest?"
„Meine Mutter hat mir als Kind die Verantwortung für die Familie nach dem Tod meines Vaters gegeben. Ich musste ihr als Partnerersatz dienen, obwohl ich mit 6 Jahren noch ein Kind war." Das war es, was er nicht tragen konnte.

Wir haben die Schuld der Mutter bekannt, Werner von dieser Verantwortung entbunden und ihn freigesetzt.

Er muss noch lernen, mit dieser Freiheit zu leben und sie umzusetzen.

Die bittere Wurzel

Mario erwähnte im Gespräch, dass sein Vater in den Selbstmord getrieben wurde. Wir haben den Heiligen Geist gefragt, was zu tun ist.

Das erste Bild war: Eine Wurzel wird herausgezogen. Der Beter hatte sofort den Eindruck, es handele sich um eine bittere Wurzel.

Mario sagte dann, er hätte sich so hilflos gefühlt als er vierzehn Jahre alt war und als es seinem Vater immer schlechter ging und er ihm nicht helfen konnte.

Der Heilige Geist zeigte dann: Mario hat sich für den Tod des Vaters mitverantwortlich gefühlt. Die Verantwortung, die er sich selbst aufgeladen hatte, haben wir ihm im Namen Jesu abgenommen und ihn freigesetzt.

In einem zweiten Bild sah die Beterin, wie jemand aus einem tiefen, mit Wasser gefüllten Schacht herausgeholt wird. Es war gleich klar, dass mit diesem Bild der Vater von Mario gemeint war, und wir legten ihn in Worten auf den Schoß von Gott dem Vater. Der nächste Eindruck war, dass der Vater von Mario mit dem Bauch nach unten auf dem Schoß Gottes lag. Auch dieses Bild war eindeutig: Wenn ein Ertrunkener aus dem Wasser gezogen wird, muss erst das Wasser herauslaufen.
Dann bekannten wir stellvertretend für den Vater von Mario seine Schuld Gott gegenüber, dass er seinem Leben selbst ein Ende gesetzt hatte.

Da wurde Marios Vater auf dem Schoß des Vaters umgedreht, er war wieder lebendig und sah ungläubig, was mit ihm passierte.

Schließlich haben wir Mario noch stellvertretend für seinen Vater um Vergebung gebeten.

Dann war Frieden da.

Die verlorenen 40 Jahre

Irene kam zum Gespräch, weil sie am Ende ihrer Kräfte war.
Seit mehr als 40 Jahren hatte sie Seelsorge in Anspruch genommen, aber es hatte sich kaum etwas verändert. In dieser Zeit waren ihr Wille und ihr Verstand angesprochen worden, aber dies konnte keine Heilung der seelischen Verletzungen bewirken, vor allem, da diese in der Kindheit geschehen waren.

Daher hatte Irene ein schwaches Selbstwertgefühl und sie konnte sich gegen Herabsetzungen, Anschuldigungen und falsche Festlegungen nicht wehren.
Sie wohnte als junges Mädchen mit Ihrer Mutter bei ihrer Großmutter väterlicherseits, da ihr Vater im Krieg gefallen war. Sie musste jahrelang miterleben, wie ihre Mutter von der Schwiegermutter abgelehnt wurde. Später erlebte Irene selbst durch ein anderes Familienmitglied Ablehnung, herabsetzende Äußerungen und falsche Schuldzuweisungen. Zudem wurde sie genötigt, einen ihr ungeliebten Beruf zu ergreifen. Als sie dann verheiratet war, konnte sie ihrer Schwiegermutter nicht genügen, die sich für ihren Sohn eine bessere Partie vorgestellt hatte.

Wir baten Irene und Jesus stellvertretend für alle drei Personen um Vergebung. Irene empfand dies als Wiederherstellung ihrer Würde. Sie spürte, dass eine riesige schwere Last von ihr abfiel, die sie am Wachsen im Leben mit Jesus gehindert hatte.

Später sagte sie: „Es war völlig anders, als ich es erwartet hatte. Es war so unglaublich gut, dass mich endlich jemand um Vergebung für das gebeten hat, was mir angetan worden ist."

Die Wette

Auf einer Tagung kam Alexandra zum Gebet, weil sie von ihren Eltern keine Liebe erhalten hatte. Sie sollte eigentlich ein Junge werden, der Name Alexander stand schon fest. Die Enttäuschung des Vaters war groß. Trotz exzellenter Leistungen in Schule und Studium (alle mit 1, x) erhielt Alexandra keine Anerkennung von ihren Eltern.

Wir baten Alexandra stellvertretend für ihren Vater und ihre Mutter um Vergebung. Dann setzten wir sie neu in ihren Stand als Frau ein und sagten ihr zu, dass Abba sie genauso haben wollte, wie er sie erdacht und erschaffen hatte. Anschließend segneten wir sie für den Abschluss ihres Zweitstudiums.

Am nächsten Tag kam sie erneut zu uns. Sie hatte eine sehr schlechte Nacht. Ein von ihr gemaltes Bild fiel um und das Holz in ihrem Zimmer knackte. Wir gingen gemeinsam in ihr Zimmer, um es freizusetzen von dem, was in der Nacht vorgegangen war. Und wir baten den Heiligen Geist, uns zu sagen, was jetzt zu tun war.
Es kamen drei Bilder:
- In einem Flur hingen Rucksäcke an der Kindergarderobe. Aus einem ragte ein Ziegenfuß hervor.
- Eine Reihe von Gestalten lief einen schneebedeckten Serpentinenweg unwillig hinauf.
- Ein Pferdeschlitten.

Als wir mit dem Erzählen der Bilder fertig waren, schlug sie die Hände vors Gesicht. Das Bild des Pferdeschlittens hatte eine Erinnerung in ihr freigesetzt, die bisher für sie unzu-gänglich gewesen war. Zuerst erzählte sie jedoch von ihrer Lehrerin, Frau K. Diese Lehrerin mochte sie nicht und zog sie an den Haaren durch die Klasse, weil sie sich nicht wie ein Mädchen benahm. Schließlich bekam Alexandra eingeschärft: „Mädchen wehren sich nicht".

Dann kam schubweise weiteres ans Licht. Die Kinder des Ortes fuhren immer mit dem Schulbus zur Schule. Alexandra war das einzige Mädchen im Alter von 6 - 10 Jahren. Die größeren Jungs machten sich einen Spaß daraus, ihr die Bücher wegzunehmen. Schließlich bot ihr Marcel Schutz und Hilfe an.

„Sie haben um mich gewettet." konnte sie schließlich unter Tränen sagen und berichtete dann vom Missbrauch durch ihren 5 Jahre älteren Mitschüler Marcel, der in einer höheren Klasse an der gleichen Schule war. Sie konnte sich nun wieder erinnern, ein Gespräch zwischen Marcel und seinem Freund Johannes auf einer Pferdeschlittenfahrt mitgehört zu haben. Darin hatten die beiden gewettet, wer von ihnen Alexandra, die zu diesem Zeitpunkt erst acht Jahre alt war, missbrauchen durfte. Johannes verlor und lachte.

Marcel, der doch eigentlich ihr Beschützer war, missbrauchte sie dann. Sie wehrte sich nicht (Diktat der Lehrerin). Sie fühlte sich nach dem Missbrauch so schmutzig, dass sie sich mit Reinigungskonzentrat wusch und verletzte.

Hildegard bat Alexandra stellvertretend für die Lehrerin um Vergebung, und Heinrich stellvertretend für die Mitschüler. Sie konnte ihnen nach langem innerem Kampf auch vergeben. Wir waren zu jedem Zeitpunkt bereit, das Treffen abzubrechen, falls Alexandra nicht weitergekonnt oder gewollt hätte. Doch sie brach nicht ab. Wir setzten sie schließlich in ihren ursprünglichen Zustand der Unberührtheit vor Gott wieder ein und sagten ihr zu, dass Abba das, was der Fresser gefressen hat, wieder ersetzen wird.

Dann wollten wir uns an die Reinigung des Zimmers machen. Doch der Heilige Geist machte uns darauf aufmerksam, dass noch etwas anderes vorlag. Alexandra hatte in einem Nebensatz gesagt, dass in ihr in der Nacht eine Stimme war, die sie fragte: „Warum hast Du gestern deinen Eltern vergeben?" Damit war deutlich, dass noch eine Besetzung durch unreine Geister vorlag. Diese hatten nun die Befürchtung, dass es ihnen an den Kragen gehen könne. Da fiel uns das Bild von dem Rucksack mit Ziegenfuß und der unwirtlichen Gegend mit den Gestalten wieder ein. Da wir von mehreren Geistern ausgehen mussten, fragten wir nach ihren Namen. Der Heilige Geist kam uns zu Hilfe und nannte nacheinander fünf Namen. Einer nach dem anderen musste gehen.

Wir reinigten das Zimmer, salbten Alexandra und schickten sie ins Bett.
Am nächsten Morgen kam sie erneut. Sie hatte gut geschlafen.

Weitere Erinnerungen waren hochgekommen. Ein weiterer Missbrauch fand in einem Maisfeld statt, und nachdem sie endlich weglaufen konnte, sah sie ihre Schwester an der nahegelegenen Bushaltestelle sitzen. Obwohl Alexandra mit Erde verschmiert war, rührte die Schwester keinen Finger. Es schien, als hätte ihre Schwester aus sicherer Entfernung zugesehen.

Wir brachten auch diese Schuld stellvertretend vor Jesus und Alexandra konnte vergeben.

Am Morgen darauf kam sie mit ihrer Bibel und zeigte uns Texte aus dem Propheten Joel. Der Heilige Geist hatte sie darauf aufmerksam gemacht. Dort ist ihre ganze Geschichte aufgezeichnet:

Joel 2,20	Die Vertreibung der Geister
Joel 2,23	Erneuter Segen wie ehemals
Joel 2,25	Ich will die Jahre ersetzen
Joel 4,3	Die Wette

Es ist beeindruckend, was Abba tut.

Später berichtete sie noch in einer E-Mail:
Auf der Heimfahrt in ihren Heimatort kam Alexandra auf den sonst menschenleeren Straßen ihre ehemalige Lehrerin K. mit ihrem Mann entgegen. Sie hatte sie in den letzten 20 Jahren nur 2-mal gesehen. Alexandra empfand keine Wut mehr gegenüber ihrer Lehrerin, nein, sie konnte sie sogar segnen.

Ruhen im Geist

Ralf kam nach einem Gottesdienst zur Segnung. Eigentlich wollte er ursprünglich gar nicht zum Gottesdienst kommen, aber irgendwas „schob" ihn.

Wir hörten zusammen auf den Heiligen Geist. Hildegard und Heinrich hatten beide Eindrücke. Gerade als wir anfangen wollten, sie Ralf zu erzählen, bemerkten wir, dass er bereits stehend im Geist ruhte. Nachdem er eine Weile hin und her geschwankt war, fiel er schließlich nach hinten.

Nach einer Weile kam er wieder zurück, konnte jedoch nicht aufstehen und ruhte kurze Zeit später erneut im Geist. Wieder erwacht, war auch diese Phase nur von kurzer Dauer, und er ruhte erneut.

Schließlich konnte Ralf etwas erzählen, er war jedoch nicht in der Lage, das ganze Erleben zu beschreiben: Jesus ist ihm begegnet und hat mit ihm gesprochen. Worüber konnte er noch nicht sagen. Aber eins war klar. Er weiß jetzt, dass Jesus existiert.

Das Krokodil

Jürgen war auf Empfehlung einer Bekannten zu uns nach Hause gekommen.

Er hatte eine längere Angstphase vom dritten bis zum achten Lebensjahr.

Eine erste Gebetsrunde am Freitagabend ergab zwei Bilder: Eine Frauenhand mit Ringen fasst seine Hand an und ein schwarzes Krokodil.

Die Ursache für seine Angststörung hatte uns der Heilige Geist schon durch ein Familienfoto anlässlich seiner Taufe gezeigt. Dort war die Frau zu sehen, die das ausgelöst hatte

Am Samstagmorgen die zweite Session.

Im achten Lebensjahr war er, weil die Eltern sich Sorgen machten, bei einer Psychologin in Behandlung. Am Ende der Behandlung hörten die Angstträume schlagartig auf. Doch er hatte keine Freude. Auch sein weiterer Lebensweg, er war mittlerweile über 50, hat er als Single erlebt. Was aber hat das plötzliche Verschwinden der Angststörung mit einem Krokodil zu tun?

Mein Blick fiel auf die Tageszeitung von Samstag[90] und dort war die Überschrift auf der Titelseite: Es gibt 3000 Hexen in Berlin. Ich blätterte auf Seite 3 und las dort als zweiten Satz: Lilian Lux, so hieß die Hexe, legte einen präparierten Alligatorenkopf auf den Tisch. "Alligatoren sind furchtlos", sagte sie. „Das ist gute schützende Energie."

Da hatte nun der Heilige Geist eine Hexe benutzt, um uns die Sache zu offenbaren.

Die Psychologin hat ihm wohl erzählt, dass das fruchtlose

---

[90] Tagesspiegel vom 20.3.2021

Krokodil seine Ängste gefressen hat und er nun geschützt durch die gute Energie keine Angst mehr haben muss. Wir haben vom Krokodil die Ängste im Namen Jesu zurückgefordert und durch Jesu Blut unschädlich gemacht. Dann ihn mit einer angstfreien Kindheit gesegnet, die er nun nachholen darf.

Schließlich hat er sich noch von der „guten" Energie losgesagt und vertraut nun auf gute Energie von Jesu. Die „gute" Energie des Krokodils hatte ihn sein Leben lang behindert.

Nachwort

Was können wir als Abschluss sagen?
Danke.

Danke an den Heiligen Geist, der uns nie im Stich gelassen hat. Auch als wir uns an seiner Hand auf dünnes Eis begaben. Er hat uns immer geholfen, wenn wir keine Erfahrung hatten, wenn wir nicht weiterwussten, wenn heftige Emotionen zutage traten. Wenn kein Mensch wissen konnte, was vorlag, was geschehen war, z.B. wie der Name eines Geistes lautete - er hat es gewusst und uns anvertraut. Es ist ein besonderes Privileg, dabei sein zu dürfen, wie der Heilige Geist aus dem Unsichtbaren heraus im Sichtbaren handelt.

Danke an Jesus, denn ohne sein Hiersein auf der Erde wäre die Grundlage für diese Form von Seelsorge nicht da. Danke dafür, dass er zurückging zum Vater und uns den Helfer, den Beistand, den Anwalt geschickt hat. Jesus hat ihn als Mensch selbst auch gebraucht, wie die Geschichte seiner Taufe durch Johannes den Täufer zeigt.

Danke an Gott den Vater, an Abba, wie Jesus ihn nennt und wie auch wir ihn nennen dürfen. Die unendliche Liebe des Vaters zu seinen Menschen durchströmt uns manchmal so, dass wir nur weinen können. Er hält es ohne seine Kinder nicht aus. Sein Erbarmen zerreißt ihn. Manchmal können wir einen Blick in sein Herz werfen. Und das ist dann im wahrsten Sinne des Wortes berührend und umwerfend.

Danke an die Menschen, die Vertrauen zu uns hatten. Natürlich ist bei ihnen nicht alles vollkommen in Ordnung gekommen. Jedoch wesentliche Schritte, denen weitere folgen, sind getan. Wir werden bis an unser Lebensende daran arbeiten.

Danke an die Freunde, die uns unterstützt und ermutigt, unermüdlich Korrektur gelesen und Tipps gegeben haben: Peter und Ursel Wichmann, Wolfgang und Angela Bienert, Michael und Conny Adler und unsere Tochter Kerstin Kochmann.

Vielleicht kann man das ganze Buch in einen Kernsatz formulieren:
Wir müssen nicht wissen, was in der Seelsorge zu tun ist, solange der Heilige Geist uns leitet.

Heinrich und Hildegard Becker
Im Juni 2013

Biografische Daten

Heinrich Becker

Studium der Mathematik und BWL in Berlin.
Bis 2009 in leitender Stellung bei Großkonzernen in der Logistik.
Referent auf zahlreichen nationalen und internationalen Logistik-Tagungen.
Mitautor des Buches „Handbuch Kommissionierung" des Heinrich Vogel Verlags, München 2009.
Mitarbeit in einem seelsorgerlich ausgerichteten christlichen Netzwerk seit 1970.
Referent und Prediger in verschiedenen Gemeinden.

Hildegard Becker

Ausbildung zur Lehrerin, danach 10-jährige Lehrtätigkeit.
Mitte der 80er Jahre Übernahme der Leitung der *Frühstückstreffen für Frauen (www.fruehstueckstreffen.de)* in Frankfurt.
Nach berufsbedingtem Umzug des Mannes Übernahme der *Leitung FFF* in München bis 2009.
Mitarbeit in einem seelsorgerlich ausgerichteten christlichen Netzwerk seit 1970.
Referentin bei FFF im deutschsprachigen Raum.
Buchautorin „Die Lebensmitte kommt bestimmt", Johannis Verlag, Lahr 1999.

Auch in Englisch erhältlich

BoD – Books on Demand 2013
Norderstedt, Germany
ISBN978-3-7322-4713-4

Weitere Bücher der Autoren:

Gott der Vater, den Jesus Abba nennt, ist weitgehend aus der Verkündigung verschwunden. Wir wollen uns mit dem Leser auf den Weg machen und den liebenden Vater Jesu (nicht den lieben Gott!) kennenlernen. Dabei berichten wir von unseren Erfahrungen und wie wir seine große Liebe zu uns Menschen kennen lernen und vertrauen können, dass wir seine geliebten Kinder sind.

BOD Books on demand Norderstedt 2017
ISBN 9 783741 271113

Auch in Englisch erhältlich:

It is all about God the Father.
God the Father, named Abba by Jesus, has to a great extent disappeared from the proclamation of the Gospel in most churches. Through this book, we want to introduce all its readers to a new, exiting realm about God and to help each one experience who he really is – Jesus' and our loving Father. We have included many of our experiences with him and how each of us can get to know how great his love is for us. Then we are able to believe and trust that we really are his beloved children.

BOD Books on demand Norderstedt 2013
ISBN 978-744-895-972

Warum starb Jesus Christus?
Die weitverbreitete Ansicht, dass mit Jesu Tod der Zorn des
Vaters stellvertretend für uns besänftigt wurde, zeichnet
ein falsches Bild von Gott dem Vater.
Es muss ein anderes Verständnis geben, was Auftrag und
das Ziel von Jesus auf Erden war.
Und davon, was der großartige Plan Gottes des Vaters ist.

BOD Books on demand Norderstedt 2018
ISBN 9 783752 869347